LES DÉFIS CRUCIAUX ET LES MENACES IMMÉDIATES vus par la CIA

LES DÉFIS CRUCIAUX ET LES MENACES IMMÉDIATES

vus par la

CIA

Analyses, faits et chiffres

Préface d'Alain Frachon

ÉQUATEURS

Cet ouvrage est la traduction du rapport *Annual Threat Assessment of the US Intelligence Community*, de l'audition des responsables de la communauté du renseignement et de la CIA devant le Sénat, des faits et chiffres tirés de *The World Factbook* publié par la CIA.

Traduction de l'anglais (États-Unis).

ISBN : 978-2-3828-4512-7.

Dépôt légal : avril 2023.

170 *bis*, boulevard du Montparnasse, 75014 Paris.

contact@editionsdesequateurs.fr
www.editionsdesequateurs.fr

SOMMAIRE

PRÉFACE

La CIA est inquiète. Cela fait partie du métier, direz-vous. Un service de renseignement évalue les dangers pesant sur son gouvernement, occupation qui ne porte pas naturellement à la félicité. Tous les ans, la « communauté du renseignement » – la CIA et les autres « services » américains – dresse l'état des atteintes potentielles ou réelles à la sécurité des États-Unis. Elle rend son rapport public : mieux vaut ne rien oublier. L'édition 2023 égrène une impressionnante liste de catastrophes en cours ou à venir. C'est une vision du monde tel qu'il est ou du moins tel qu'il est perçu par les États-Unis de Joe Biden : un tourbillon de défis « cruciaux », écrit « Langley » – comme on appelle familièrement la CIA, du nom de la localité de Virginie qui abrite ses locaux.

Mais un spectre parcourt ce livre, l'ombre d'une menace dominante : la possibilité d'une guerre avec la Chine. À tout le moins d'un incident qui dégénère, un conflit armé qui aurait pour théâtre le Pacifique occidental, quelque part au large de l'île chinoise autonome de Taïwan, là où se croisent quotidiennement les bâtiments de guerre des deux pays. La « communauté du renseignement » prend le risque d'avancer une date plausible, un « créneau » plutôt. L'affrontement peut avoir lieu « d'ici à 2027 », dit-elle, quand l'armée chinoise sera prête.

La question de Taïwan n'est qu'un des éléments d'une

confrontation multiforme à enjeu unique : laquelle des deux super-puissances de l'époque exercera demain sa prépondérance sur les affaires du monde ? « Langley » brasse large. Les capacités militaires ne sont pas seules en cause, loin de là. Tout autant, la bataille est technologique et politico-idéologique. Elle porte sur la maîtrise des technologies de l'avenir ; elle porte sur le modèle de gouvernement de demain. Défis cruciaux que « Langley » pose en toile de fond de ce profil du monde 2023.

Le retour de combats meurtriers en Europe, comme le Vieux Continent n'en avait pas connu depuis 1945, s'inscrit dans ce grand contexte du duel américano-chinois. Après tout, Pékin n'est pas neutre. L'Empire du Milieu a pris parti pour Moscou – politiquement au moins. Aux Nations unies, la Chine s'est refusée à condamner l'agression russe. Elle ne livre pas d'armes mais elle dénonce les sanctions prises par les Américains et les Européens ; elle aide vraisemblablement à leur contournement. La puissante machine de propagande pékinoise relaie « l'argumentaire » moscovite : tout est de la faute de l'Occident, des États-Unis, de l'OTAN, de ceux qui aident l'Ukraine à se défendre...

Même quand ils proposent une sorte de plan de paix, les Chinois ne cachent pas leur point de vue. Ils dénoncent une « mentalité de guerre froide » : la formule vise la Maison-Blanche, pas le Kremlin. Xi Jinping a choisi son camp, il est aux côtés de Vladimir Poutine. Pourquoi ? Parce que la Chine est « l'amie » de la Russie dans le combat politico-idéologique mené contre l'Occident et son chef de file, les États-Unis. Pékin accorde la plus grande importance à ce partenariat politique avec Moscou.

Le 4 février 2022, trois semaines avant l'attaque russe sur Kiev, les deux présidents signent un pacte d'« amitié sans limite » entre leurs pays. Le document définit une ambition commune. Chine et Russie veulent en finir avec le « leadership » occidental sur le système international.

Établi au lendemain de la Deuxième Guerre mondiale, cet «ordre libéral occidental» – la charte de l'ONU et le texte qui l'accompagne, la Déclaration universelle des droits de l'homme, notamment – ne correspond plus à l'époque, disent Xi Jinping et Vladimir Poutine. Le monde a changé, il faut réviser ces normes, s'en affranchir, à tout le moins les interpréter différemment. En gros, l'aspiration aux libertés – d'expression, de conscience, d'opinion – est peut-être «universelle» mais pas la forme qu'elle a prise, la démocratie libérale, en Europe et aux États-Unis. Entre les lignes, le message est clair: la question des droits de l'homme est affaire de culture, elle n'a pas à intervenir dans les relations entre États.

Le collectif occidental a d'autant moins de raisons de continuer à vouloir imposer ses «valeurs» qu'il n'y a jamais été fidèle. Il ne s'en sert aujourd'hui que pour prolonger une prépondérance en voie d'obsolescence accélérée, disent les dirigeants chinois et russes. Car, et les Occidentaux doivent s'y faire, le monde est en voie de «désoccidentalisation». L'Occident a perdu le monopole du pouvoir. Conclusion implicite partagée à Moscou et à Pékin: la démocratie libérale à l'occidentale n'a pas plus de légitimité que l'autocratie à la russe et à la chinoise. L'autocratie doit avoir droit de cité, être posée aux générations futures en norme de référence, autant sinon plus que la démocratie, poursuivent les «amis» russes et chinois.

Les services de renseignement américains dénoncent «les campagnes de désinformation» menées par Moscou et Pékin pour assurer «la promotion de l'autoritarisme» politique et «contribuer au recul de la démocratie». «Les États-Unis et leurs alliés sont en concurrence stratégique avec la Chine et la Russie, écrit la centrale de renseignement, pour la définition des règles qui façonneront l'ordre mondial dans les décennies à venir».

Concurrence, compétition, confrontation, défis «cruciaux» à relever: la peur du déclin est congénitale aux

États-Unis. Elle accompagne l'Union américaine depuis sa naissance. Elle est « aussi américaine que la tarte aux pommes », disait le politologue allemand Josef Joffe. La peur du déclin est le ressort d'une société cyclothymique, les phases d'hubris succédant aux moments de « déclinisme ». La description de la montée en puissance de la Chine – laquelle estime retrouver sa place naturelle au centre du monde – porte la marque de cette vieille crainte américaine.

Duale, à usage civil ou militaire, la technologie est, au moins autant sinon plus que les progrès de l'Armée populaire de libération (APL), au cœur des préoccupations du renseignement américain : « La Chine est la principale menace pour la compétitivité technologique des États-Unis. Elle est au cœur des chaînes d'approvisionnement mondiales dans une série de secteurs technologiques, notamment les semi-conducteurs, les minéraux critiques, les batteries, les panneaux solaires et les produits pharmaceutiques. » Pour ne rien dire de ses performances en matière d'intelligence artificielle ou d'informatique quantique.

L'APL est une armée « de classe mondiale », sa marine dépasse déjà l'US Navy. Pékin refuse toute négociation sur le nucléaire et son arsenal dans ce domaine progresse à grande vitesse : la Chine construit « des centaines de nouveaux silos pour ses missiles balistiques intercontinentaux », assure le rapport. L'unification de Taïwan (23 millions d'habitants) est dans la ligne de mire des généraux chinois. L'objectif est de « disposer d'ici à 2027 d'une armée suffisamment forte pour dissuader les États-Unis d'intervenir lors d'une future crise entre les deux rives du détroit » de Taïwan. La perception américaine du scénario qui préside à la puissance militaire montante de l'Empire du Milieu tient en une phrase : « Pékin table sur la probabilité d'un conflit avec les États-Unis. »

Avec le Pacifique occidental, le cyberespace est l'un

des lieux prioritaires du défi chinois. « La Chine représente probablement la menace de cyber-espionnage, dit le rapport, la plus active et la plus persistante pour les réseaux du gouvernement et du secteur privé américains. » Les infrastructures « critiques » des États-Unis – oléoducs, gazoducs, systèmes ferroviaires – sont perméables « aux cyberattaques » venues de Chine.

L'objet de ce document est de pointer des menaces, actuelles ou à venir. Mais, au fil d'une lecture qui prend parfois l'allure d'une promenade au musée des horreurs à venir, on ne s'empêchera pas de souligner, parallèlement, ce qui fait la singularité de ce duel sino-américain. Pékin et Washington proclament leur volonté de « découplage » économique, au moins dans le vaste domaine des technologies du futur. Pour autant, les économies des deux pays ont rarement été aussi interdépendantes. 2022, année d'animosité politique assumée de part et d'autre, s'est achevée sur un record dans les échanges américano-chinois – 673 milliards de dollars.

Rien de tel avec la Russie. Dans l'ordre des défis posés aux États-Unis, elle compte pour son rôle dans la bataille idéologique menée avec la Chine et elle pèse, lourd, du fait d'un « stock d'armes nucléaires le plus important et le plus performant » du monde – arsenal « qu'elle continue d'accroître et de moderniser ». Mais elle n'est un concurrent ni technologique ni économique. Puissance en voie de déclin démographique et dotée d'une économie massivement dépendante de l'exportation de matières premières, elle présente cependant un risque lié à la nostalgie impériale dont Vladimir Poutine semble pathologiquement prisonnier.

« Événement tectonique », écrit la CIA, la guerre en Ukraine « remodèle les relations de la Russie avec l'Occident et la Chine ». Elle a considérablement affaibli l'outil militaire russe, mais peut, quotidiennement, dégénérer en « une confrontation entre la Russie et l'Occident ». La possibilité de «l'escalade» plane au-dessus du champ de bataille, même si «la Russie ne veut probablement pas un conflit direct avec les forces américaines et celles de l'OTAN».

Une guerre longue? Les analystes du renseignement américain estiment que les Russes ne seront probablement pas capables de prendre la totalité du Donbass, la bordure orientale de l'Ukraine, d'ici à la fin 2023. De son côté, l'armée ukrainienne, juge le chef d'état-major américain Mark Milley, ne sera sans doute pas en mesure de reconquérir l'intégralité du territoire occupé par la Russie depuis son offensive du 24 février. En attendant, cette guerre localisée, mais terriblement mortifère, a des conséquences mondialisées: rupture des chaînes d'approvisionnement alimentaire; bouleversement énergétique; exacerbation de l'inflation; polarisation des relations entre un groupe sino-russe et un ensemble euro-atlantique.

Une bonne partie du reste du monde, ce qu'on appelle le «Sud global», ne se sent pas, ou peu, concerné. À tort. Le niveau de conflictualité que connaît aujourd'hui la scène internationale pèse sur le traitement d'une série de «défis mondiaux», dit le renseignement américain. La lutte contre le réchauffement climatique; la prévention des pandémies; la sécurité alimentaire et énergétique; la prolifération nucléaire; les trafics liés au crime international: autant de questions qui souffrent de l'état désastreux des relations entre blocs de puissance. Le niveau de coopération internationale requis par la lutte contre le réchauffement, par exemple, est difficilement compatible avec la confrontation sino-américaine. Il y faudrait de la confiance, on est au-delà de la défiance.

Or, dans l'infinie liste des menaces dont les États-Unis sont l'objet, le réchauffement et la lutte contre les pandémies sont cochés en bonne place par les analystes d'outre-Atlantique. Ils constituent «un risque pour les intérêts de sécurité» de l'Amérique. Le réchauffement climatique raréfie les ressources en eau et en terres arables, déstabilisant nombre de pays pour les populations desquelles l'émigration devient la seule issue – laquelle, à son tour, déstabilise l'équilibre intérieur des démocraties. Ce ne serait guère mieux du côté sanitaire : « Les pays du monde entier restent vulnérables à l'émergence d'un nouvel agent pathogène susceptible de provoquer une nouvelle pandémie dévastatrice. »

Le renseignement américain dresse le portrait d'un monde chaotique. Le temps des illusions de l'immédiat après-guerre froide n'aura pas vécu plus d'une décennie – 1990-2000 –, l'espace d'un rêve : tout le monde va vers la démocratie, n'est-ce pas... Les institutions dites multilatérales, celles qui sont censées organiser la vie internationale autour d'un certain nombre de normes, ne remplissent pas leur rôle. La règle du jeu en cours aujourd'hui, ce sont les rapports de force. Les budgets de la défense croissent plus vite que ceux du développement.

Les Européens, notamment ceux de l'ouest du Vieux Continent, étaient les plus mal préparés au retour de la guerre à domicile. Ayant créé une aire de paix exemplaire où le règlement des conflits se fait autour d'une table au petit matin à Bruxelles, ils croyaient avoir repoussé la guerre au rang qui est celui de la peste bubonique – une maladie du passé. Le 24 février 2022, ils ont appris que la paix n'était pas la norme. Les « autres », de l'Afrique à l'Asie en passant par le Moyen-Orient, le savaient : eux, ils ont toujours connu la guerre pour résoudre les conflits intérieurs ou inter-étatiques.

Où se situent-ils, ces « autres », entre un bloc révisionniste, Chine-Russie, décidé à imposer un ordre mondial conforme à ses intérêts, et un bloc qu'il faut bien appeler « occidental », défendant un ensemble de normes communes ? À l'ONU, les « autres » ont voté de façon écrasante contre la décision de Poutine « d'annexer » les territoires de l'est de l'Ukraine. Mais ils sont quelques dizaines à s'être abstenus de condamner la guerre russe, à commencer par l'Inde et l'Afrique du Sud, par exemple. Et personne n'applique les sanctions prises par les Américains et les Européens.

Pour autant, l'image d'un Sud global unanimement rangé derrière le duo Moscou-Pékin est fausse. Sur la guerre en Ukraine, l'Inde a ménagé la Russie ; face à l'expansionnisme chinois, New Delhi est avec les États-Unis. En Afrique et dans le monde arabe, on trouve des excuses à la guerre de Poutine – après tout, c'est un conflit entre « blancs » de même religion. Mais en Asie du Sud-Est, confrontés aux débordements de la super-puissance chinoise, les Philippines, l'Indonésie, le Vietnam, la Malaisie, tous supplient l'Amérique de les protéger. Dans la grande confrontation pour la prépondérance mondiale, les puissances moyennes se rangent ici ou là, avec Washington ou Moscou ou Pékin, selon leurs intérêts. Leur alignement est à géométrie variable. Ghassan Salamé, politologue libanais et haut fonctionnaire international, parle d'un Sud qui pratique une « stratégie de l'opportunisme ».

Chaos, guerre en Ukraine à répercussions multiples, rapports de force, conflictualité dans l'interdépendance, batailles dans le cyberespace, budgets militaires à la hausse, sur fond de réchauffement climatique et de menace pandémique : le renseignement américain n'est pas d'humeur optimiste. Cela va avec le métier.

Alain Frachon.

PREMIÈRE PARTIE

ÉVALUATION ANNUELLE DES MENACES DE LA COMMUNAUTÉ DU RENSEIGNEMENT DES ÉTATS-UNIS

AVANT-PROPOS

Au cours de l'année à venir, les États-Unis et leurs alliés seront sur le plan de la sécurité mondiale confrontés à un environnement complexe et interconnecté, dominé par deux défis stratégiques cruciaux qui s'entrecroisent et dont l'évolution aura des conséquences directes sur l'équilibre de la paix.

Premièrement, les grandes puissances, les puissances régionales montantes et un certain nombre d'acteurs non étatiques se disputeront la domination de l'ordre mondial et rivaliseront pour définir les nouvelles conditions et les règles qui façonneront le monde pour les futures décennies. La concurrence stratégique entre les États-Unis et leurs alliés, la Chine et la Russie, dont l'objectif est de définir qui écrira l'histoire, rend les prochaines années déterminantes. Dans l'immédiat, les actions de la Russie en Ukraine menacent de dégénérer en un conflit plus large entre la Russie et l'Occident.

Deuxièmement, les défis mondiaux communs, notamment le réchauffement climatique et la sécurité civile et sanitaire, se conjuguent alors que la planète sort de la pandémie de Covid-19 et rencontre des problèmes économiques provoqués par l'insécurité énergétique et alimentaire. Les technologies qui émergent ou évoluent rapidement continuent de bouleverser les entreprises traditionnelles et la société, avec des résultats positifs et négatifs, tout en créant des vulnérabilités sans précédent. Il devient donc toujours plus difficile de prévoir les effets de ces phénomènes sur le paysage mondial.

Ces défis climatique et sécuritaire se recouperont et interagiront de manière imprévisible, entraînant des effets qui se renforceront les uns les autres et pourraient mettre à mal notre capacité à réagir, mais créeront également de nouvelles possibilités d'action collective avec nos alliés et partenaires, y compris non étatiques.

L'évaluation annuelle des menaces 2023 met en évidence certains de ces liens, car elle fournit les évaluations fondamentales de la communauté du renseignement (CR) au sujet des menaces les plus pressantes pour les intérêts nationaux des États-Unis et de l'Occident. Il ne s'agit pas d'une évaluation exhaustive de tous les défis mondiaux. Ce rapport aborde à la fois les menaces provenant de nos adversaires et les préoccupations opérationnelles, telles que les armes de destruction massive et le cyberespace, principalement dans les sections consacrées aux acteurs de la menace, ainsi qu'une série de questions régionales aux implications plus vastes.

L'invasion de l'Ukraine par la Russie montre que l'ère de la concurrence et des conflits entre États-nations est loin d'appartenir au passé. C'est, au contraire, une caractéristique déterminante de l'époque actuelle. Alors que la Russie, en choisissant la guerre, défie les États-Unis et certaines normes de l'ordre international, la Chine est en mesure de modifier directement l'ordre mondial dans de multiples régions. Le pays tente de s'affranchir des règles internationales et constitue une possible menace pour ses voisins. L'action militaire de la Russie contre l'Ukraine démontre qu'elle reste une puissance revancharde, déterminée à utiliser tous les outils nécessaires pour tenter de rétablir sa sphère d'influence, en dépit de la volonté des États voisins, et à contrer l'influence de Washington tant au niveau local que mondial. Outre ces concurrents stratégiques, des puissances locales et régionales cherchent à étendre leur pouvoir, souvent au détriment de leurs voisins et de l'ordre mondial lui-même. L'Iran restera une menace régionale s'adonnant à des activités d'influence malveillantes plus générales, et la Corée du Nord étendra ses capacités en matière d'armes de destruction massive tout en demeurant un élément perturbateur sur les scènes régionale et mondiale.

Dans le même temps, alors que les nations s'efforcent de se remettre de la pandémie de Covid-19, elles sont assaillies par une série de problèmes communs. Les effets accélérés du changement climatique placent une plus grande partie de la population mondiale dans une situation d'urgence.

La population, en particulier dans les pays à revenu faible ou intermédiaire, est menacée par des conditions météorologiques extrêmes, l'insécurité alimentaire et les catastrophes humanitaires, ce qui alimente les flux migratoires et accroît les risques de pandémies futures, les agents pathogènes bénéficiant de la dégradation de l'environnement. Les efforts déployés par la Russie, la Chine et d'autres pays pour promouvoir l'autoritarisme et la désinformation nourrissent une concurrence accrue entre gouvernements autoritaires et démocratiques.

Cette concurrence se déploie à travers les flux d'information mondiaux pour gagner en influence et touche presque tous les pays. Désinformation et propagande contribuent au recul de la démocratie, menacent la stabilité politique et accentuent la violence des conflits sociaux.

Les conflits régionaux et localisés ainsi que l'instabilité globale requièrent l'attention des États-Unis, car les États et les acteurs non étatiques s'efforcent de trouver leur place dans un ordre international en évolution, de s'adapter à la compétition entre grandes puissances et font face à des défis communs. Les challengers régionaux, tels que l'Iran et la Corée du Nord, chercheront à perturber la sécurité de leur environnement et à s'arroger davantage de pouvoir, menaçant au passage les alliés des États-Unis. Dans toutes les régions du monde, les défis liés au changement climatique, à la démographie, à la sécurité civile et sanitaire et aux perturbations économiques – causées par l'insécurité énergétique, alimentaire et l'évolution rapide de la technologie – se combineront et interagiront pour déclencher des événements allant de l'instabilité politique aux menaces terroristes, en passant par des migrations massives et de probables urgences humanitaires.

Le rapport annuel d'évaluation 2023 soutient les engagements de transparence du Bureau du directeur du renseignement national et perpétue la tradition consistant à fournir au public et au congrès américain des mises à jour régulières sur les menaces. La communauté du renseignement est vigilante dans la surveillance et l'évaluation des menaces directes et indirectes envers les intérêts des Américains et ceux de leurs alliés. Dans le cadre de cet effort permanent, les agents nationaux du renseignement travaillent en étroite collaboration avec des analystes de l'ensemble de la communauté du renseignement pour étudier l'éventail des menaces et mettre en évidence les risques à court terme les plus probables et importants ainsi que leur possible évolution.

CHINE

OBJECTIFS ET ACTIVITÉS RÉGIONAUX ET MONDIAUX

Le Parti communiste chinois (PCC) poursuivra ses efforts pour concrétiser la vision du président Xi Jinping : faire de la Chine la plus grande puissance en Asie de l'Est et une puissance majeure sur la scène mondiale. Alors que Xi entame son troisième mandat, le PCC s'efforcera de pousser Taïwan à la réunification, d'amoindrir l'influence des États-Unis, de fracturer les alliances entre Washington et ses partenaires et de promouvoir certaines normes qui favorisent son système autoritaire. Cependant, les dirigeants chinois chercheront probablement à apaiser les tensions avec Washington lorsqu'ils estimeront que cela sert leurs intérêts. La Chine maintiendra ses politiques économiques étatistes parce que les dirigeants chinois considèrent que l'orientation de l'État est nécessaire pour diminuer la dépendance aux technologies étrangères, permettre la modernisation militaire et soutenir la croissance – assurer le règne du PCC et la réalisation de son projet du rajeunissement national – même si ces politiques risquent de saper le secteur privé et d'empêcher l'augmentation des revenus des ménages.

- Pékin considère les relations américano-chinoises de plus en plus compétitives comme faisant partie d'un changement géopolitique historique et les mesures diplomatiques, économiques, militaires et technologiques de

Washington contre Pékin comme une stratégie destinée à empêcher la montée en puissance de la Chine et saper la domination du PCC.

- Pékin combine sa puissance militaire croissante avec son poids économique, technologique et diplomatique pour renforcer le pouvoir du PCC, sécuriser ce qu'il considère comme son territoire souverain et sa prééminence régionale, et poursuivre sa quête d'influence mondiale. Le gouvernement chinois compte tirer parti de sa position dominante dans les principales chaînes d'approvisionnement mondiales pour atteindre ses objectifs, même si cela représente un coût conséquent.
- Cependant, la Chine est confrontée à une myriade de défis nationaux et internationaux – dont certains s'intensifient – qui entraveront probablement les ambitions des dirigeants du PCC : vieillissement de la population, dette élevée des entreprises, inégalités économiques et résistance accrue aux tactiques brutales de la Chine à l'encontre de Taïwan et d'autres pays.

La Chine utilise des outils coordonnés et pangouvernementaux pour démontrer sa force et obliger ses voisins à adopter ses vues, notamment ses revendications territoriales, maritimes et aériennes dans la région et ses affirmations de souveraineté sur Taïwan.

- En 2023, le gouvernement chinois continuera de faire pression pour une réunification avec Taïwan et réagira à tout ce qu'il considère comme un interventionnisme exponentiel des États-Unis. Pékin affirme que Washington utilise Taïwan tel un « pion » pour saper la montée en puissance de la Chine, et continuera à prendre des mesures toujours plus énergiques pour s'opposer à ce qui est perçu comme un soutien renforcé à Taïwan. Dans le prolongement de ses actions de 2022, Pékin pourrait poursuivre ses manœuvres militaires, franchissant de plus en plus fréquemment la ligne médiane du détroit de Taïwan en mobilisant aviation, marine et missiles balistiques. Le contrôle de la Chine sur Taïwan perturberait notamment les chaînes d'approvisionnement mondiales en puces semi-conductrices, dont Taïwan domine la production.

- En mer de Chine méridionale, Pékin mobilisera un nombre croissant de forces aériennes, navales, de garde-côtes et de milices pour intimider ses rivaux et montrer que la Chine contrôle efficacement les zones contestées. La Chine fait également pression sur le Japon en ce qui concerne les zones contestées de la mer de Chine orientale.

Pékin tentera d'étendre son influence à l'étranger et accentuera ses efforts pour être perçu comme un champion du développement mondial à travers plusieurs projets, notamment la poursuite du plus ambitieux des programmes d'investissement et d'infrastructures jamais conçu, l'initiative des «nouvelles routes de la soie» (dite «Initiative route et ceinture») et les nouvelles politiques phares de Xi pour le développement mondial et la sécurité mondiale. Ces programmes et initiatives représentent pour Pékin une alternative aux forums et cadres internationaux de développement et de sécurité souvent dominés par les États-Unis et l'Occident. La communauté du renseignement estime que le gouvernement chinois s'en servira pour infléchir les normes internationales en faveur de la souveraineté des États et de la stabilité politique, et au détriment des droits individuels.

- Tout en poursuivant le programme des «nouvelles routes de la soie», Pékin entend répondre aux critiques de l'opinion et aux défis écologiques en s'engageant à approfondir la coopération en matière d'énergie propre, de véhicules électriques et de lutte contre le réchauffement climatique. Elle diversifiera ses projets pour améliorer l'image de son programme d'infrastructures et endiguer les critiques internationales.

Malgré la condamnation par la communauté internationale de l'invasion de l'Ukraine par la Russie, la Chine maintiendra la coopération diplomatique, économique, technologique et de défense avec la Russie pour défier les États-Unis.

CAPACITÉS MILITAIRES

La Chine poursuivra son objectif de former une armée de classe mondiale qui lui permettra de sécuriser ce qu'elle considère comme son territoire souverain, d'établir sa prééminence dans les affaires régionales et de projeter sa puissance à l'échelle mondiale tout en venant contrebalancer l'influence militaire des États-Unis.

- Pékin accélère le développement des moyens stratégiques dont il pense que l'Armée populaire de libération (APL) a besoin pour affronter les États-Unis dans le cadre d'un conflit durable et à grande échelle.
- Pékin continue de renforcer sa capacité de production d'armes de destruction massive et d'armes conventionnelles avancées en recourant à des stratégies de substitution des importations.

Pékin s'efforce d'atteindre son objectif de mettre sur pied, d'ici 2027, une armée susceptible de dissuader les États-Unis d'intervenir lors d'une future crise dans le détroit de Taïwan. Les forces navales et aériennes de l'APL sont déjà les plus importantes de la région, et l'édification de plates-formes avancées se poursuit afin de permettre à la Chine d'établir sa supériorité aérienne et projeter sa puissance de feu au-delà de la première chaîne d'îles. Les systèmes conventionnels à courte, moyenne et portée intermédiaire de la dissuasion nucléaire chinoise peuvent probablement mettre en danger les forces et les bases américaines dans la région.

- L'Armée populaire de libération poursuivra la mise en place d'installations militaires hors de ses frontières et cherchera à obtenir les accès lui permettant de consolider sa puissance et protéger les intérêts de la Chine à l'étranger. Si cette politique d'expansion militaire progresse de façon inégale, Pékin adaptera probablement son approche pour répondre aux préoccupations locales, tout en s'efforçant d'améliorer les relations avec les pays qui lui sont favorables et de faire progresser ses objectifs en matière d'implantation à l'étranger. Outre le développement de sa base militaire à Djibouti, Pékin chercherait à établir des bases au Cambodge, en Guinée équatoriale et dans les Émirats arabes unis.

ARMES DE DESTRUCTION MASSIVE

La Chine réoriente son dispositif nucléaire afin d'être en mesure de rivaliser sur le plan stratégique avec les États-Unis, estimant que ses capacités actuelles sont insuffisantes. Pékin craint que les tensions bilatérales, la modernisation nucléaire des États-Unis et les capacités conventionnelles croissantes de l'Armée populaire de libération n'accroissent la probabilité d'un conflit entre les deux pays.

La Chine rejette les accords qui entraveraient ses projets et n'acceptera aucune négociation confortant les avantages des États-Unis ou de la Russie. La confiance accrue de Pékin dans sa force de dissuasion nucléaire est susceptible de renforcer sa détermination et d'intensifier les conflits conventionnels.

- La Chine construit des centaines de nouveaux silos de missiles balistiques intercontinentaux.

ESPACE

La Chine poursuit sa conquête de l'espace, avec l'intention d'égaler ou de dépasser les États-Unis à l'horizon 2045. D'ici 2030, la Chine atteindra probablement le statut de leader mondial dans tous les domaines de la technologie spatiale, à l'exception de quelques-uns. Les activités spatiales de la Chine lui permettent de conforter sa position mondiale et de tenter d'amoindrir l'influence des États-Unis dans les domaines militaire, technologique, économique et diplomatique.

- La station spatiale chinoise, qui a commencé ses missions d'assemblage et d'équipage en 2021, a atteint sa pleine capacité opérationnelle en 2022. Pékin prévoit de mener d'autres missions d'exploration lunaire, de construire une station de recherche robotisée sur la Lune et, plus tard, une base lunaire à équipage intermittent.
- L'Armée populaire de libération continuera d'intégrer les services spatiaux – tels que la reconnaissance et le positionnement par satellite, la navigation et le chronométrage – et les communications par satellite dans ses armes et ses systèmes de commandement et de contrôle, afin de diminuer l'avantage américain en matière d'information militaire.

Le secteur spatial commercial chinois se développe rapidement. Il est en passe de devenir un concurrent majeur d'ici 2030. La politique gouvernementale visant à encourager les investissements privés dans les activités spatiales a incité un grand nombre d'entreprises à investir ce marché. Les entreprises d'État et leurs filiales resteront les principaux acteurs du secteur spatial commercial chinois, qui comprend également de nouvelles sociétés nées de la scission des géants de la recherche et développement, des sociétés établies et un nombre croissant de start-up.

- Certaines entreprises spatiales chinoises tenteront de rivaliser en fournissant des services sur des marchés de niche où la concurrence mondiale est faible ou inexistante, tels que l'imagerie hyperspectrale, et poursuivront également leurs tentatives de casser les prix des entreprises occidentales sur des marchés plus concurrentiels.

Les opérations de contre-espace feront partie intégrante des campagnes militaires potentielles de l'Armée populaire de libération, et la Chine dispose d'armes spatiales destinées à cibler les satellites américains et alliés. L'APL met en service de nouvelles armes antisatellites terrestres et spatiales (ASAT) destructrices et non destructrices.

- La Chine a déjà déployé au sol un arsenal sophistiqué, notamment des systèmes de guerre électronique, des armes à énergie dirigée et des missiles antisatellites destinés à perturber, endommager et détruire les satellites visés.

La Chine a également procédé à des tests technologiques en orbite terrestre qui prouvent sa capacité à utiliser de futures armes dans et depuis l'espace.

TECHNOLOGIE ET ÉCONOMIE

La Chine restera la principale menace pour la compétitivité technologique américaine, car Pékin s'attaque à des secteurs clés et à des technologies exclusives tant sur le plan commercial que militaire des États-Unis et de ses alliés. Le gouvernement chinois redouble d'efforts pour stimuler l'innovation locale et atteindre l'auto-suffisance. La Chine utilise le droit d'accès à son vaste marché et le contrôle des chaînes d'approvisionnement essentielles pour forcer les entreprises étrangères et leurs dirigeants à autoriser le transfert de technologies et de propriété intellectuelle.

- Pékin dispose d'une variété d'outils, de l'investissement public à l'espionnage, pour améliorer ses capacités technologiques, protéger les entreprises nationales de la concurrence étrangère et faciliter leur essor mondial. L'avantage concurrentiel dont jouissent les entreprises chinoises non seulement représente un défi permanent pour l'économie américaine et ses travailleurs, mais rapproche aussi Pékin d'une position de leader mondial en matière de progrès et de définition des normes technologiques.
- La Chine poursuivra ses efforts pour acquérir des informations ainsi que des compétences scientifiques et technologiques étrangères, en recourant largement aux collaborations et aux partenariats scientifiques, aux investissements et aux acquisitions, au recrutement de talents, à l'espionnage économique et au cyber-vol pour obtenir et transférer des technologies et des connaissances techniques.
- Le ralentissement de l'économie obligera probablement Pékin à choisir «entre le beurre et les canons», entre l'investissement dans le développement technologique et sa politique industrielle, même si la taille et le rayonnement de son économie démontrent que Pékin a encore la capacité de mobiliser des ressources publiques considérables en faveur d'une priorité spécifique. Bien que nous n'ayons pas encore vu Pékin faire de tels compromis en matière de technologie, il semble cependant que le gouvernement chinois réévalue le programme «nouvelles routes de la soie». Les prêts engagés pour son financement ont diminué au cours des cinq dernières années, mais de nouveaux prêts et ressources restent mobilisables pour financer les projets prioritaires de la Chine et de ses partenaires.

La Chine est au cœur des chaînes d'approvisionnement mondiales dans une variété de secteurs technologiques, notamment les semi-conducteurs, les minerais stratégiques, les batteries, les panneaux solaires et les produits pharmaceutiques. Dans un discours prononcé en avril 2020, M. Xi Jinping a clairement indiqué son intention d'augmenter la dépendance mondiale vis-à-vis de la Chine par le contrôle des principales chaînes d'approvisionnement, afin d'être en mesure de menacer et d'isoler les pays étrangers en cas de crise. La domination chinoise sur ces marchés représente un risque important pour les secteurs de fabrication et la consommation aux États-Unis ainsi que dans les pays occidentaux si le gouvernement chinois parvient à tirer parti de sa domination pour obtenir des avantages politiques ou économiques.

- La Chine est à la pointe de l'investissement dans le marché mondial des puces, projetant de construire des dizaines d'usines de semi-conducteurs d'ici 2024, dont la plupart s'appuient sur des technologies plus anciennes et plus matures. Alors que la Chine ne représentait que 11 % de la capacité mondiale de fabrication de semi-conducteurs en 2019, elle devrait atteindre 18 % en 2025. En raison des contrôles à l'exportation imposés par les pays occidentaux, la Chine se concentre sur la technologie des puces de base à faible capacité, et pourrait devenir une puissance dans ce segment, ce qui rendrait à terme certains acheteurs plus dépendants.
- La domination de la Chine dans l'extraction et le traitement de plusieurs matériaux stratégiques, comprenant les terres rares, place les États-Unis en position de faiblesse. La Chine pourrait diminuer la quantité disponible de ces minerais stratégiques afin d'en tirer un avantage commercial ou s'en servir dans le cadre d'un conflit politique ou commercial. Une interruption prolongée des approvisionnements contrôlés par la Chine

entraînerait des pénuries qui affecteraient la production des industries civiles et de défense des États-Unis et des pays occidentaux. Toutefois, des restrictions sur les exportations accéléreraient probablement la coordination et les efforts mondiaux pour développer des sources alternatives ou des substituts qui ne viendraient pas de Chine.

Les secteurs de fabrication des batteries, des produits pharmaceutiques et des panneaux solaires constituent d'autres sujets de préoccupation. Par exemple, les entreprises chinoises sont en passe de contrôler 65 % du marché des batteries lithium-ion d'ici 2025, et dominent toute la chaîne d'approvisionnement. La Chine produit 40 % des ingrédients pharmaceutiques actifs (IPA) mondiaux et fabrique 80 % des panneaux solaires. Une part qui devrait dépasser 95 % au cours des prochaines années.

CYBERSÉCURITÉ

Nous estimons que la Chine représente la menace de cyberespionnage la plus étendue, la plus active et la plus persistante pour les réseaux gouvernementaux et ceux du secteur privé américains. Les projets de la Chine et l'exportation de technologies connexes portent atteinte à la libre circulation des informations dans le cyberespace et augmentent les risques d'attaques contre les États-Unis – risque de suppression du contenu de l'internet américain que Pékin considère comme une menace envers sa souveraineté –, autant qu'ils accentuent l'expansion de l'autoritarisme axé sur la technologie à l'échelle mondiale.

- Si Pékin craignait l'imminence d'un conflit majeur avec les États-Unis, il envisagerait très certainement d'entreprendre des cyberattaques contre les infrastructures stratégiques du territoire américain et les actifs militaires dans le monde entier. Ces attaques destinées à entraver la prise de décision, paniquer la population et gêner le déploiement de nos forces auraient pour but de dissuader l'action militaire américaine. La Chine est très certainement capable de lancer des cyberattaques qui perturberaient les services d'infrastructures essentielles dans notre pays, notamment contre les oléoducs, les gazoducs et les systèmes ferroviaires. La Chine est à l'avant-garde mondiale dans la mise en place de surveillance et de censure pour contrôler sa population et réprimer la dissidence. Pékin mène des cyberintrusions affectant les citoyens américains et autres au-delà de ses frontières – comme le piratage contre les journalistes, les dissidents et les personnes qu'elle considère hostiles – pour contrer les menaces envers le PCC et adapter ses tentatives d'influence.

- Les opérations de cyberespionnage de la Chine comprennent la compromission des entreprises de télécommunication, des fournisseurs de services gérés et de logiciels largement utilisés, et d'autres cibles qui présenteraient un intérêt pour obtenir des renseignements, mener des opérations d'influence ou attaquer.

INFLUENCE MALVEILLANTE

Pékin continuera d'étendre son service de renseignement et son influence à l'échelle mondiale afin de mieux soutenir les objectifs politiques, économiques et sécuritaires du PCC. La Chine tente d'exploiter les doutes qui planent sur le leadership américain, de saper la démocratie et a élaboré un plan d'action pour l'Asie de l'Est et dans le Pacifique ouest, qu'elle considère comme sa sphère d'influence traditionnelle. Pékin tente également d'influencer la politique américaine et d'améliorer son image auprès de nos concitoyens. Il est établi que le gouvernement chinois a voulu s'immiscer dans certaines élections contre des personnalités politiques perçues comme hostiles à la Chine.

- Pékin utilise un éventail sophistiqué de moyens dissimulés, manifestes, licites et illicites pour tenter d'atténuer les critiques américaines, de façonner l'opinion des centres de pouvoir américains en faveur de la Chine et d'influencer les décideurs politiques à tous les niveaux du gouvernement.

Les dirigeants de la République populaire de Chine pensent probablement que le consensus bipartisan contre la Chine entrave leurs efforts pour influencer directement la politique nationale américaine à son égard. Pékin s'est adapté en redoublant d'efforts pour faire évoluer l'opinion au sein des États et sur le plan local, convaincu que les responsables locaux sont plus souples que leurs homologues fédéraux. Les acteurs de la République populaire de Chine sont devenus plus agressifs dans leurs campagnes d'influence, probablement parce qu'ils estiment que le sentiment antichinois aux États-Unis menace leur image internationale, leur accès aux marchés et la reconnaissance de leur expertise technologique. Leurs efforts croissants pour exploiter activement les divisions de la société américaine en utilisant des faux comptes en ligne les rapprochent des pratiques d'influence de Moscou.

- Pékin intensifie ses efforts pour façonner le discours public américain, notamment en essayant d'infléchir l'opinion de nos concitoyens sur des questions sensibles ou de souveraineté, telles que Taïwan, le Xinjiang, le Tibet et Hong Kong, et en faisant pression sur les opposants politiques. Dans le cadre de ses efforts pour étouffer les critiques, la République populaire de Chine surveille les étudiants chinois à l'étranger afin de déceler des opinions dissidentes, mobilise les associations d'étudiants chinois pour mener des activités en son nom et influence les recherches menées par les universitaires et les experts des groupes de réflexion américains. Ces activités ont consisté à exercer des pressions sur les membres de la famille restés en Chine, à refuser ou à annuler des visas, à bloquer l'accès aux archives et aux ressources du pays et à interrompre ou à supprimer le financement des programmes d'échange.

- La Chine développe et améliore rapidement ses capacités en matière d'intelligence artificielle (IA) et d'analyse de données massives (*big data*), qui s'étendraient au-delà de l'usage domestique.

RUSSIE

OBJECTIFS ET ACTIVITÉS RÉGIONAUX ET MONDIAUX

La guerre de la Russie contre l'Ukraine est un événement tectonique qui bouleverse profondément les relations de la Russie avec l'Occident et la Chine, et dont les conséquences restent très incertaines. L'escalade du conflit vers une confrontation militaire entre la Russie et l'Occident est la plus grande menace qui pèse sur le monde depuis des décennies. Dans un avenir proche, Moscou continuera de représenter pour les États-Unis un défi aussi redoutable que peu prévisible dans des domaines clés, mais affrontera également toute une série de contraintes. La Russie persistera à défendre ses intérêts de manière compétitive, voire agressive et provocatrice, notamment en recourant à la force militaire, comme elle l'a fait contre l'Ukraine, et en cherchant à dominer, à des degrés divers, d'autres pays de l'espace post-soviétique.

- Jusqu'à présent, les dirigeants russes ont évité de prendre des mesures qui élargiraient le conflit ukrainien au-delà des frontières de ce pays. La Russie ne souhaite probablement pas un conflit militaire direct avec les forces des États-Unis et de l'OTAN, mais le risque d'escalade reste important.
- Ses échecs militaires risquent fort de nuire au président russe. La situation intérieure pourrait s'en trouver affec-

tée, ce qui déclencherait une nouvelle escalade de la part de la Russie pour regagner le soutien de l'opinion. L'affirmation selon laquelle les États-Unis instrumentalisent l'Ukraine pour affaiblir la Russie et que ses succès militaires ne sont dus qu'à l'intervention des États-Unis et de l'OTAN pourrait présager d'une nouvelle escalade. Les responsables russes sont convaincus depuis fort longtemps que les États-Unis tentent d'amoindrir la Russie, d'affaiblir Poutine et d'installer des régimes favorables à l'Occident dans les États post-soviétiques et ailleurs, ce qui, selon eux, leur donne le droit d'enchérir ou d'élargir la guerre. Moscou continuera d'engager toute une série de moyens pour défendre ses intérêts au détriment de ceux des États-Unis et alliés. Il s'agira probablement de moyens militaires, de sécurité, d'opérations de contre-influence, de cybernétique et de renseignement, la puissance économique et énergétique russe se trouvant amoindrie. Nous nous attendons à ce que Moscou intervienne dans les crises lorsque ses intérêts sont en jeu, que les coûts anticipés de ses opérations sont jugés faibles, ou qu'elle voit une occasion de profiter d'une vacance du pouvoir, ou encore, comme dans le cas de l'invasion de l'Ukraine, qu'elle considère ses voisins comme une menace existentielle, susceptible de déstabiliser Poutine et de mettre en péril sa sécurité. La Russie étendra probablement son emprise militaire, de renseignement, de sécurité, commerciale et énergétique, même si son rôle pourrait se trouver amoindri, et nouera des partenariats visant à saper l'influence des États-Unis et renforcer la sienne.

- Au Moyen-Orient et en Afrique du Nord, Moscou utilisera toujours le groupe Wagner pour servir ses intérêts en République centrafricaine, en Libye, au Mali et en Syrie, et affaiblir le leadership américain. Moscou cherchera à se présenter comme un médiateur et un partenaire indispensable en matière de sécurité et à obtenir des droits d'accès militaires et des avantages économiques. Ses liens avec Téhéran se renforceront probablement sur le plan politique et économique, les deux pays tentant de contourner les sanctions et d'accentuer leur coopération économique et défensive.

- Dans l'hémisphère ouest, Moscou poursuivra sa politique d'ouverture diplomatique et ses engagements économiques avec les pays qu'elle considère comme des acteurs stratégiques ou des partenaires proches, notamment l'Argentine, le Brésil, Cuba, le Nicaragua et le Venezuela.
- Dans les anciennes républiques soviétiques, Moscou ne peut mobiliser les mêmes moyens pour intervenir en Biélorussie, en Asie centrale et dans le Caucase du Sud qu'en 2020 (en Biélorussie) ou au Kazakhstan en 2022 – dans les deux cas afin d'empêcher que le mécontentement populaire n'aboutisse à un changement de régime. Le déploiement par la Russie d'une grande partie de ses forces en Ukraine réduit la probabilité d'une intervention militaire dans d'autres pays de l'ex-URSS.
- La Chine et la Russie maintiendront leurs liens stratégiques pour contrer l'influence des États-Unis, menaçant la collaboration internationale en matière de sécurité, en particulier les ventes d'armes et les exercices conjoints, et la diplomatie, où chacune de ces nations a utilisé son droit de veto au Conseil de sécurité de l'ONU contre les intérêts américains.
- Nous nous attendons à ce que la Russie continue d'utiliser l'énergie dans sa politique étrangère pour contraindre la coopération et affaiblir l'unité de l'Occident sur l'Ukraine, bien que les sanctions remodèlent les relations énergétiques russes de manière à la fois prévisible et imprévisible. L'exportateur public russe Gazprom a coupé le gaz à un certain nombre de pays

européens après qu'ils ont soutenu les sanctions contre la Russie, ce qui a contribué à la flambée des prix.

- De même, la Russie s'est servie de la nourriture comme d'une arme en bloquant ou en occupant les ports ukrainiens et de vastes étendues de terres agricoles, en détruisant les infrastructures céréalières, perturbant ainsi les rendements et déplaçant les travailleurs, et enfin en pillant la production céréalière en vue d'une éventuelle exportation. Ces actions ont exacerbé les pénuries alimentaires mondiales et augmenté les prix. La Russie a utilisé son vaccin contre le Covid-19 et l'exportation d'énergie nucléaire pour développer sa politique étrangère.

La Russie recourt également à la corruption dans d'autres pays pour faire avancer ses objectifs à l'étranger et acheter de l'influence. Cependant, la corruption généralisée au sein même du pays freine ses performances économiques et sa capacité à attirer les investissements.

- La Russie a eu recours à la corruption pour développer des réseaux de mécénat dans certains pays, notamment en Biélorussie et en Ukraine, pour retourner l'opinion et asseoir ses objectifs.
- Les Russes considèrent pourtant la corruption comme l'un des principaux maux qui frappent le pays, cause récurrente de manifestations publiques et argument principal de l'opposant Alexeï Navalny, toujours emprisonné.
- Même si les sanctions internationales se trouvaient assouplies ou levées, la Russie devrait probablement réduire la corruption, la mainmise de l'État sur l'économie, et améliorer l'État de droit, afin d'attirer les investissements et développer sa croissance économique.

UKRAINE

L'opération militaire dite spéciale contre l'Ukraine n'a pas donné les résultats escomptés par Poutine. Après sa première invasion à grande échelle de l'Ukraine sur trois fronts le 24 février 2022, la Russie a renoncé à s'emparer de Kiev et s'est retirée d'une grande partie du nord de l'Ukraine pour se concentrer sur la région du Donbass et d'autres parties de l'Ukraine méridionale.

- Poutine a probablement sous-évalué les capacités des forces armées ukrainiennes, négligeant la possibilité de leur succès éventuel sur le champ de bataille. L'armée russe est et restera confrontée à des problèmes d'usure, de pénurie de personnel et de baisse de moral qui rendent son armée vulnérable aux contre-attaques ukrainiennes. L'annonce par Poutine d'une mobilisation partielle des forces armées russes, pour la plupart non entraînées et non préparées, a eu pour effet d'accroître cette faiblesse.
- L'envoi de réservistes permettra de pallier la pénurie de personnel à court terme, mais risque d'affaiblir le soutien de l'opinion russe.
- Les effets de la mobilisation partielle ne commenceront à se faire pleinement sentir qu'au printemps et à l'été. Bien que les forces continuent de se concentrer sur le Donbass, elles ne seront probablement pas en mesure d'en contrôler la totalité en 2023.
- Les preuves des atrocités commises par l'armée russe contre le personnel militaire et les civils ukrainiens continueront de s'accumuler à mesure que les forces ukrainiennes regagneront du terrain.

CAPACITÉS MILITAIRES

Les pertes subies par les forces russes en Ukraine nécessiteront des années de reconstruction et les rendent moins susceptibles de représenter une menace militaire conventionnelle pour la sécurité européenne ou d'opérer avec autant d'assurance en Eurasie et sur la scène mondiale. Moscou dépendra encore davantage de sa technologie nucléaire, cybernétique et spatiale pour contrebalancer les dommages considérables subis par ses troupes.

- Ces pertes ainsi que l'utilisation à grande échelle de munitions à guidage de précision au cours du conflit ont dégradé les capacités conventionnelles terrestres et aériennes de Moscou et accru sa dépendance à l'égard des armes nucléaires.
- La guerre a contraint le gouvernement russe à réduire son contingent dans les anciennes républiques soviétiques et les actifs de ses sociétés de sécurité privée opérant à l'étranger. Moscou demeure en capacité de déployer des forces navales, des bombardiers à long rayon d'action et de petites unités aériennes et terrestres polyvalentes dans le monde entier. Le groupe Wagner et d'autres milices de sécurité privée maintiennent leur présence dans certaines régions du monde, notamment en République centrafricaine et au Mali.

ARMES DE DESTRUCTION MASSIVE

La Russie conserve le stock d'armes nucléaires le plus important et le plus performant, et continue d'augmenter et de moderniser ses capacités. La sécurité des matières nucléaires russes reste une préoccupation, malgré les améliorations apportées à la protection, au contrôle et à la comptabilité des matières sur les sites nucléaires russes depuis les années 1990.

- La guerre en Ukraine montre que Moscou continue de mettre en avant ses ressources nucléaires pour maintenir la dissuasion et atteindre ses objectifs dans un possible conflit avec les États-Unis et l'OTAN. Son arsenal nucléaire est considéré comme le garant ultime de la Fédération de Russie.

- Après les pertes militaires russes lors de la contre-offensive ukrainienne à la fin de l'été 2022, Poutine a publiquement averti l'Occident qu'il était prêt à utiliser des armes nucléaires pour défendre la Russie.

Moscou continue de développer des missiles nucléaires à longue portée et des missiles mer-sol balistiques stratégiques destinés à pénétrer ou à contourner les défenses antimissiles américaines. La Russie développe et modernise son vaste ensemble d'armes tactiques, capables de porter des ogives nucléaires ou conventionnelles, car elle estime que ces armes de courte à moyenne portée permettent de dissuader les adversaires, de contrôler une éventuelle escalade des hostilités et de contrer les forces conventionnelles des États-Unis et alliés.

CYBERSÉCURITÉ

La guerre en Ukraine a conduit la Russie à donner la priorité aux cyberopérations en 2022. Bien que ses cyberattaques n'aient pas été aussi soutenues et intenses que nous l'attendions, la Russie restera l'une des principales cybermenaces à mesure qu'elle affinera et utilisera ses capacités d'espionnage, d'influence et d'attaque. Son gouvernement considère les cyberperturbations comme un levier de politique étrangère pour façonner les décisions d'autres pays, et un outil militaire et dissuasif.

- La Russie cherche particulièrement à améliorer sa capacité à cibler les infrastructures critiques, y compris les câbles sous-marins et les systèmes de contrôle industriel, aux États-Unis ainsi que dans les pays alliés et partenaires, afin de démontrer son potentiel de nuisance en cas de crise.

INFLUENCE MALVEILLANTE

La Russie représente l'une des influences étrangères les plus menaçantes pour les Américains et leurs alliés, utilisant ses services de renseignement, ses intermédiaires et ses outils d'influence de grande envergure pour tenter de diviser l'Occident et accroître son influence dans le monde entier, tout en tentant de saper la position mondiale des États-Unis, d'amplifier la discorde à l'intérieur du pays et d'influencer les électeurs et décideurs américains. La Russie et ses agents d'influence savent tirer parti de l'actualité américaine pour faire passer des positions favorables à Moscou auprès de l'opinion publique occidentale. Les responsables russes, dont Poutine lui-même, et leurs agents s'immiscent régulièrement dans les controverses américaines, même si cela amène le Kremlin à devoir prendre publiquement position sur des questions qui concernent notre politique intérieure.

- Moscou considère les élections américaines comme l'occasion d'exercer une influence malveillante dans le cadre de sa stratégie plus large de politique étrangère. Moscou mène des opérations d'influence contre les élections américaines depuis des décennies, y compris tout récemment lors des élections de mi-mandat en 2022. Elle s'efforcera de renforcer ses liens avec des figures médiatiques et politiques pour servir ses intérêts auprès de l'opinion américaine.
- Les agents d'influence russes s'efforcent de mieux dissimuler leur jeu, en créant de vastes réseaux de sites internet présentés comme des sources d'information indépendantes. Moscou duplique des sites de presse nationaux ou des comptes influents sur les réseaux

étrangers et publie des articles originaux qui servent ses intérêts ou amplifient un discours populiste, voire haineux, en le démultipliant pour pénétrer davantage dans le réseau d'information occidental. Il s'agit autant de propager de faux contenus que d'amplifier des informations perçues comme favorables à la Russie ou nourrissant les théories complotistes.

ESPACE

La Russie restera un concurrent spatial majeur, mais elle pourrait rencontrer des difficultés à atteindre ses objectifs à long terme en raison de l'effet des sanctions internationales supplémentaires et du contrôle de ses exportations suite à l'invasion de l'Ukraine. L'industrie spatiale russe rencontre par ailleurs une myriade de problèmes internes et souffre d'une concurrence féroce pour le financement des différents programmes d'État.

Moscou se concentrera probablement sur la hiérarchisation et l'intégration des services spatiaux, comme les communications, le positionnement, la navigation, le chronométrage, la géolocalisation, le renseignement, la surveillance et la reconnaissance, jugés essentiels pour sa sécurité nationale.

- La Russie peut utiliser, sans qu'ils soient repérés, ses satellites de télédétection civils et commerciaux en renfort des moyens militaires dédiés à contrecarrer les opérations sensibles des États-Unis. Au-delà d'améliorer sa capacité de lancement, ces satellites permettent de veiller au bon déroulement des vols spatiaux habités et d'assurer les futures missions dans l'espace lointain.
- Lors d'une réunion des Nations unies en octobre 2022, la Russie a averti que des composants d'infrastructures civiles utilisés à des fins militaires dans l'espace

«pouvaient constituer une cible légitime pour des frappes de représailles».

La Russie continue d'entraîner ses éléments spatiaux militaires et de déployer de nouvelles armes antisatellites pour perturber et affaiblir les capacités spatiales américaines et alliées, et elle développe, teste et met en service une gamme d'armes antispatiales destructrices ou non – comprenant des capacités de brouillage et de cyberespace, des armes à énergie dirigée, des moyens en orbite et des missiles antisatellites (ASAT) basés au sol – pour cibler les satellites américains et alliés. Les problèmes de ressources et de technologie qui affectent le secteur spatial pourraient se répercuter sur la qualité et la quantité des actions contre-spatiales envisagées par la Russie.

- La Russie investit dans la guerre électronique et les armes à énergie dirigée pour contrer les actifs occidentaux en orbite. Ces systèmes fonctionnent en perturbant ou en désactivant les capacités C4ISR (commandement, contrôle, ordinateurs, renseignement, surveillance et reconnaissance) de l'ennemi et en perturbant le GPS, les communications tactiques et satellitaires ainsi que les radars. La Russie continue également de développer des missiles antisatellites à ascension directe au sol capables de détruire des cibles spatiales en orbite terrestre basse.

IRAN

OBJECTIFS ET ACTIVITÉS RÉGIONAUX ET MONDIAUX

L'Iran tentera d'éroder l'influence des États-Unis au Moyen-Orient, d'asseoir son influence, d'étendre son emprise sur les États voisins, et de minimiser les menaces qui pèsent sur le régime. Téhéran utilisera la diplomatie, l'expansion de son programme nucléaire et de ses forces conventionnelles, le soutien aux milices étrangères et aux acteurs non étatiques ainsi que ses ventes et acquisitions militaires pour atteindre ses objectifs. Le régime iranien se considère comme engagé dans une lutte existentielle avec les États-Unis et ses alliés dans la région, tout en poursuivant son ambition d'être le leader incontesté du Moyen-Orient. Le régime s'est engagé l'année dernière dans de longs pourparlers en vue du renouvellement du plan d'action global conjoint (JCPOA) de 2015 (accord conclu avec la communauté internationale pour limiter et retarder le programme nucléaire iranien), mais la méfiance des responsables iraniens à l'égard de Washington, et leurs doutes quant aux bénéfices qu'ils pourraient en retirer, ont empêché les négociations d'aboutir. Par ailleurs, l'Iran a estimé qu'elle n'avait pas à fournir d'explications quant à la présence de matière nucléaire sur plusieurs sites non déclarés à l'Agence internationale de l'énergie atomique. Et en a fait une condition indispensable au renouvellement de l'accord nucléaire.

- Fin 2022 et début 2023, le régime iranien a été confronté aux manifestations les plus importantes et les plus longues depuis la révolution de 1979. Mouvements déclenchés par ce qu'il considérait comme un problème plus culturel qu'économique ou politique mais qui englobent maintenant tous les griefs à l'encontre de la République islamique et rassemblent une grande partie de la société.
- Les responsables iraniens s'inquiètent de la persistance de ces troubles alimentés selon eux par l'ingérence étrangère.
- Même si l'Iran a violemment réprimé ces manifestations, l'aggravation de la crise remettra probablement en cause la légitimité et la pérennité du régime au cours de l'année à venir.

La dépréciation de la monnaie iranienne et la flambée des taux d'inflation, autour de 50 % à la fin de 2022, ont provoqué un ralentissement économique qui risque de prolonger ou raviver les troubles et entraîner une plus grande instabilité.

L'Iran continuera à menacer les citoyens américains directement et par le biais d'attaques par procuration, en particulier au Moyen-Orient. L'Iran reste également déterminé à développer des réseaux à l'intérieur des États-Unis – objectif qu'il poursuit depuis plus d'une décennie. Les groupes soutenus par l'Iran lanceront des attaques contre les forces et les citoyens américains en Irak et en Syrie, et peut-être dans d'autres pays et régions. L'Iran a menacé de riposter contre les responsables américains, anciens ou actuels, pour l'assassinat du commandant Qasem Soleimani du Corps des gardiens de la révolution islamique – Force al-Qods (GRI al-Qods) en janvier 2020, et a déjà tenté de mener des opérations meurtrières sur le sol américain.

L'Iran reste une menace pour Israël, à la fois directement par son armement de missiles et de drones et indirectement par son soutien au Hezbollah libanais et à d'autres partenaires et groupes armés.

L'Iran restera un acteur problématique dans toute la région en raison de son soutien aux milices chiites irakiennes, qui sont la principale source de menace pour le personnel américain en Irak. Le soutien économique et militaire de l'Iran à un régime syrien voyou et la propagation de l'instabilité à travers le Yémen grâce au soutien des Houthis – comprenant une gamme de systèmes militaires avancés – constituent également une menace pour les partenaires et intérêts américains, y compris l'Arabie saoudite.

CAPACITÉS MILITAIRES

L'approche hybride de l'Iran, qui utilise à la fois des armes conventionnelles et non conventionnelles, constitue une menace pour les intérêts américains dans la région. Le GRI al-Qods et ses mandataires resteront au cœur de la puissance militaire iranienne.

- L'Iran cherchera probablement à acheter de nouveaux armements conventionnels : avions de chasse hypermanœuvrables, avions d'entraînement, hélicoptères, systèmes de défense aérienne, patrouilleurs maritimes et chars de combat principaux. Toutefois, les contraintes budgétaires et les déficits fiscaux ralentiront le rythme et l'ampleur de ces acquisitions.
- Les missiles, drones et navires iraniens continueront de menacer les actifs commerciaux et militaires américains et alliés au Moyen-Orient.
- Les opérations de guerre non conventionnelles de l'Iran et le réseau de partenaires militants et de mandataires permettent à Téhéran de promouvoir ses intérêts dans la région et de maintenir une profondeur stratégique.

Les programmes de missiles balistiques de l'Iran, qui comprennent le plus grand inventaire de missiles balistiques de la région, constituent toujours une menace pour les pays du Moyen-Orient. Les Iraniens ont amélioré la précision, la létalité et la fiabilité de leurs missiles. Leurs travaux sur les lanceurs spatiaux légers (SLV) – dont le Simorgh, lanceur de 2e génération – les rapprochent de la création d'un missile balistique intercontinental (MBIC), s'ils décidaient d'en développer un, parce que les SLV et les MBIC utilisent des technologies similaires.

QUESTIONS NUCLÉAIRES

Depuis l'assassinat, en novembre 2020, du scientifique nucléaire Mohsen Fakhrizadeh, l'Iran a accéléré le développement de son programme nucléaire, et déclaré qu'il n'était plus soumis aux limites imposées par le JCPOA. La République islamique serait capable de produire suffisamment de matière première pour fabriquer deux engins nucléaires si elle en prenait la décision. À défaut d'un allègement des sanctions internationales, les responsables iraniens envisageront probablement de poursuivre l'enrichissement de l'uranium jusqu'à 90 %.

- L'Iran a toujours présenté la reprise de ses activités nucléaires au-delà du cadre fixé par le compromis de Vienne comme une réponse au retrait des États-Unis en 2018. Le régime continue de faire savoir qu'il reviendra à un respect total de l'accord si les États-Unis se montrent prêts à alléger les sanctions et respectent les engagements pris dans le cadre du JCPOA. L'AIEA (Agence internationale de l'énergie atomique) doit par ailleurs clore ses enquêtes de garanties relatives aux trois sites nucléaires non déclarés.
- En 2021, l'AIEA a constaté que l'Iran avait mené des recherches sur la production d'uranium métal et produit

de petites quantités d'uranium métal enrichi jusqu'à 20 %. Officiellement dans le cadre de ses activités de recherche et de développement d'un nouveau type de combustible pour réacteur. Mais la production d'uranium enrichi est interdite en vertu du JCPOA, car elle constitue une étape clé dans la fabrication d'armes nucléaires.

- Téhéran poursuit l'enrichissement de quantités de plus en plus importantes d'uranium bien au-delà des limites fixées par le JCPOA, bravant les restrictions imposées en matière de recherche et de développement de centrifugeuses avancées. Ses opérations d'enrichissement de l'uranium continuent, notamment dans l'installation souterraine de Fordo.

Depuis avril 2021, l'Iran enrichit et accumule de l'hexafluorure d'uranium (UF_6) à hauteur de 60 % d'U-235 et continue d'accumuler de l'UF_6 enrichi à hauteur de 20 %.

- Téhéran a pris des mesures pour exercer une pression diplomatique sur les États-Unis et les autres signataires du JCPOA, et tente de renforcer son pouvoir de négociation.

CYBERSÉCURITÉ ET INFLUENCE MALVEILLANTE

L'expertise croissante de l'Iran et sa volonté de mener des cyberopérations agressives constituent une menace majeure pour la sécurité des réseaux et des données des États-Unis et de leurs alliés. L'approche opportuniste de l'Iran en matière de cyberattaques rend les propriétaires d'infrastructures critiques aux États-Unis susceptibles d'être pris pour cibles par Téhéran, en particulier lorsque Téhéran estime qu'il doit démontrer qu'il peut riposter aux États-Unis dans d'autres domaines. De récentes attaques contre des cibles israéliennes montrent que l'Iran est plus disposé qu'auparavant à cibler des pays dotés de capacités plus fortes.

CORÉE DU NORD

OBJECTIFS ET ACTIVITÉS RÉGIONAUX ET MONDIAUX

Le dirigeant nord-coréen Kim Jong-Un continue d'œuvrer au renforcement des capacités nucléaires et conventionnelles de la Corée du Nord contre les États-Unis et leurs alliés, en faisant régulièrement la démonstration d'actions agressives pour tenter de remodeler l'environnement de sécurité régional en sa faveur. Kim Jong-Un tente probablement ainsi d'assurer la place de la Corée du Nord dans ce qu'il perçoit comme un environnement international favorable à son système autoritaire brutal, comme le montre le soutien public répété de la Corée du Nord à Pékin et Moscou en matière de politique étrangère.

- Il est presque certain que Kim Jong-Un considère les armes nucléaires et les missiles balistiques intercontinentaux comme le garant ultime de son régime autocratique et qu'il n'a pas l'intention d'abandonner ces programmes, estimant qu'il sera éventuellement reconnu comme puissance nucléaire par la communauté internationale. En 2022, il a renforcé cette position en testant plusieurs missiles balistiques intercontinentaux (MBIC) dans l'optique de renforcer sa capacité de frappe envers les États-Unis et en révisant la loi nucléaire de son pays, mettant ainsi en évidence que les forces nucléaires constituent l'épine dorsale de la défense nationale de la Corée du Nord.

- La Corée du Nord utilise son programme de missiles à capacité nucléaire pour tenter d'établir une domination stratégique sur la Corée du Sud et les forces américaines dans la région, en développant des missiles sans doute destinés à vaincre les défenses antimissiles de la péninsule et de la région, et en menaçant de répondre militairement à toute attaque perçue contre sa souveraineté.
- Depuis septembre 2022, la Corée du Nord a programmé ses tirs de missiles et les démonstrations de ses capacités militaires pour contrer les exercices américano-sud-coréens, probablement dans le but de contraindre les États-Unis et la Corée du Sud à modifier leur stratégie et à contrecarrer la politique de fermeté du président sud-coréen Yoon à l'égard du Nord. Pyongyang souhaite probablement que l'alliance réduise le rythme et l'ampleur des exercices dans le but ultime de saper sa force.
- Afin de financer les priorités du régime, dont le programme d'armes de destruction massive, la Corée du Nord se livrera davantage encore à des activités illicites, y compris le cyber-vol et l'exportation de produits interdits par l'ONU.

CAPACITÉS MILITAIRES

L'armée nord-coréenne constituera une menace sérieuse pour les États-Unis et leurs alliés en continuant à investir dans des capacités de niche qui offrent à Kim Jong-Un un éventail d'options pour dissuader toute intervention extérieure, compenser les lacunes persistantes des forces conventionnelles du pays et faire avancer ses objectifs politiques par la coercition.

Les restrictions imposées par la Corée du Nord dans le

cadre du Covid-19 et la dépendance à l'égard de l'Armée populaire de Corée (KPA) pour l'application et l'exécution de certaines contre-mesures en cas de pandémie ont sans doute affaibli l'aptitude au combat de la KPA à court terme, mais les unités centrales sont toujours aptes au combat. Kim Jong-Un continue de prioriser la constitution d'une force de missiles de plus en plus performante, conçue pour échapper aux défenses antimissiles des États-Unis et régionales. Il est presque certain que Kim Jong-Un continuera à commander des essais de missiles – tant des missiles de croisière que des missiles balistiques intercontinentaux ou des planeurs hypersoniques – afin de valider les objectifs techniques, de renforcer la dissuasion et de normaliser les essais de missiles de Pyongyang.

Pour soutenir le développement de ces nouveaux systèmes de missiles, la Corée du Nord continue d'importer, en violation des sanctions de l'ONU, de multiples biens et technologies à double usage (ici un usage civil susceptible d'être détourné à des fins militaires), provenant majoritairement de Chine et de Russie.

ARMES DE DESTRUCTION MASSIVE

Kim Jong-Un demeure déterminé à élargir l'arsenal nucléaire du pays et à maintenir les armes nucléaires comme pièce maîtresse de sa stratégie sécuritaire. L'intention de la Corée du Nord d'accroître ses pressions sur la Corée du Sud et le territoire américain a été confirmée par plusieurs déclarations publiques.

- La Corée du Nord se prépare probablement à tester un engin nucléaire afin de poursuivre ses objectifs déclarés de modernisation militaire pour faciliter les «opérations nucléaires tactiques». En septembre 2022, la Corée du Nord a fait inscrire une loi réaffirmant son statut autoproclamé de puissance nucléaire, établissant des conditions illimitées d'utilisation, de commandement et de contrôle nucléaires, et rejetant la dénucléarisation.

Les capacités de la Corée du Nord en matière d'armes chimiques et biologiques représentent toujours une menace, et la communauté du renseignement craint que Pyongyang ne fasse usage de telles armes au cours d'un conflit ou dans le cadre d'une attaque non conventionnelle ou clandestine.

CYBER

Le cyberprogramme de la Corée du Nord pose une menace complexe en matière d'espionnage, de cybercriminalité et d'attaques. Pyongyang a décuplé ses forces cybernétiques, désormais capables d'exécuter une série d'objectifs stratégiques contre diverses cibles, y compris un large ensemble de cibles aux États-Unis.

- Pyongyang possède probablement l'expertise nécessaire pour provoquer des perturbations temporaires et limitées de certains réseaux d'infrastructures importants et déstabiliser les réseaux commerciaux aux États-Unis.

Le programme cybernétique de la Corée du Nord continue de s'adapter aux évolutions de la cybercriminalité à l'échelle mondiale en organisant des vols de cryptomonnaie, en diversifiant sa gamme d'opérations cybernétiques sur le plan financier et en continuant à tirer profit des techniques d'ingénierie sociale avancées.

- Lors d'un casse en 2022, Pyongyang a dérobé un montant record de 625 millions de dollars à une entreprise de technologie blockchain basée à Singapour.

Au-delà des implications cybercriminelles de Pyongyang, les cyber-acteurs liés à la Corée du Nord ont déployé des efforts d'espionnage contre un éventail d'organisations, y compris les médias, les universités, les entreprises de défense et les gouvernements, dans plusieurs pays. La Corée du Nord poursuit ses activités de cyberespionnage afin d'obtenir des informations techniques sans doute mises au profit du développement de son armée et de son programme de développement d'armes de destruction massive.

LE CHANGEMENT CLIMATIQUE ET LA DÉGRADATION DE L'ENVIRONNEMENT

Le changement climatique exacerbera de plus en plus les risques envers la sécurité nationale des États-Unis à mesure de l'augmentation des impacts physiques et des tensions géopolitiques alors que nous tentons, à l'échelle mondiale, de parvenir à une résolution de cette problématique. Les effets physiques croissants du changement climatique sont également susceptibles d'intensifier ou de provoquer des tensions géopolitiques nationales et transfrontalières.

- À mesure que les températures augmentent et que des variations climatiques extrêmes se manifestent, le risque de conflit autour des ressources associées à l'eau, aux terres arables et à l'Arctique s'accroît. D'autres facteurs, tels que les flux migratoires, dont certains seront exacerbés par le climat et les phénomènes météorologiques, participeront à augmenter plus encore ces risques. À la suite de l'invasion de l'Ukraine par la Russie au début de l'année 2022, les activités économiques et militaires contestées dans l'Arctique sont susceptibles d'accroître le risque de malentendus, en particulier en cas de tensions militaires entre la Russie et les sept autres pays de l'Arctique.

- Les tensions géopolitiques entre les pays concernant la méthode à adopter afin d'accélérer la réduction des émissions de gaz à effet de serre risquent de s'aggraver, et les États rivaliseront pour essayer de contrôler les ressources et de prendre la tête dans la course aux nouvelles technologies nécessaires à une transition mondiale vers une énergie à faible teneur en carbone.

Les tensions seront également susceptibles de s'accroître entre les pays au sujet du financement de la lutte contre le changement climatique. Les pays à revenu élevé et intermédiaire n'ont toujours pas respecté les engagements pris en 2015 dans le cadre de l'Accord de Paris sur le climat de fournir 100 milliards de dollars par an aux pays à faible revenu d'ici à 2020, alors que ces derniers réclament davantage d'aide pour s'adapter aux changements climatiques.

- Face à l'ampleur des dégâts et des déplacements de populations au Pakistan à la suite des inondations au milieu de l'année 2022, en partie attribuées au changement climatique, les pays à faible revenu ont multiplié les demandes de dédommagements auprès des pays à haut revenu pour les pertes liées qu'ils considèrent comme résultant du changement climatique. Les petits États insulaires ont continué à se mobiliser pour saisir les instances judiciaires internationales afin que les États-Unis et d'autres grands émetteurs de gaz à effet de serre soient tenus responsables des effets du changement climatique.
- Les catastrophes liées au climat dans les pays à faible revenu aggraveront les difficultés économiques, accroîtront le risque de conflits intercommunautaires autour des ressources limitées et renforceront le besoin d'aide

humanitaire et financière. L'écart croissant entre la réponse aux besoins de base et la capacité des gouvernements et de la communauté internationale à les assurer accroît la probabilité de protestations nationales, d'une plus grande instabilité, du recrutement par des groupes extrémistes et des flux de migrations.

- Les effets de plus en plus intenses et fréquents du réchauffement climatique menacent également de dégrader les économies des pays à revenu élevé, d'entraver le commerce mondial et de mettre à rude épreuve les systèmes financiers. Les sécheresses de 2022 ont réduit la capacité de transport maritime et la production d'énergie en Chine, en Europe et aux États-Unis, et les dommages assurés dus aux catastrophes ont augmenté de 250 % au cours des trente dernières années.
- La Chine et l'Inde joueront un rôle majeur dans la détermination de la trajectoire de la hausse des températures. Elles sont respectivement le premier et le troisième pays les plus pollueurs au monde. On constate une augmentation de leur taux d'émissions de CO_2 à l'échelle globale ainsi que par habitant, notamment en raison de leur dépendance économique à la production d'électricité bon marché à partir du charbon, et plus largement de la dépendance à l'industrie du charbon, dont dépendent une large partie des emplois à travers leurs régions.

L'intensification des effets du réchauffement climatique est susceptible d'exacerber les risques sanitaires, principalement, mais pas seulement, dans les pays à revenu faible ou intermédiaire.

La combinaison de la hausse des températures, du changement des régimes de précipitations et de la hausse de la fréquence et de la gravité des phénomènes météorologiques, conjuguée à la dégradation de l'environnement, la pollution et la mauvaise gestion de l'eau, risque d'accroître l'insécurité alimentaire et hydrique, la malnutrition et le taux de morbidité à l'échelle planétaire.

- Les températures extrêmes, la pression démographique et les bouleversements des régimes pluviométriques dus au réchauffement climatique ont des répercussions négatives sur la production agricole et alimentaire dans de nombreuses régions du monde.

Les pratiques de pêche illégale, non déclarée et non réglementée (INDNR) contribuent globalement au déclin de l'industrie de la pêche, mettant en péril la sécurité alimentaire et économique des zones côtières, en particulier en Afrique et en Asie. Quatre-vingt-cinq pour cent des stocks mondiaux de poissons sont pleinement exploités, surexploités, épuisés ou en voie de reconstitution après épuisement. La surpêche, la dégradation de l'habitat et les changements océaniques induits par le climat continueront de nuire à l'industrie de la pêche.

- La flotte chinoise de navires de pêche hauturière, qui pratique souvent la pêche INDNR, a contribué à la surpêche plus que tout autre pays. La pêche INDNR conduite par les navires chinois empiète souvent sur les zones de pêche locale, menace la sécurité alimentaire et favorise l'instabilité dans les pays à faible revenu et dans certaines régions côtières.

SÉCURITÉ SANITAIRE

MALADIES INFECTIEUSES ET IMPACT DE LA PANDÉMIE DE COVID-19

La pandémie de Covid-19, qui entre maintenant dans sa quatrième année, reste l'une des menaces les plus importantes pour la santé publique mondiale, avec plus de 6,5 millions de morts et des milliers de milliards de dollars de perte de production économique à ce jour. Malgré le déclin progressif des effets les plus graves du Covid-19 sur la santé en raison de la plus grande disponibilité des vaccins au niveau mondial, de l'augmentation de l'immunité naturelle et de l'amélioration des traitements, des défis importants subsistent car les pays doivent maintenant faire face à de nouveaux variants, à la baisse de la protection vaccinale, aux disparités de la couverture vaccinale, aux défis de la gestion des mesures de sécurité sanitaire et aux campagnes de désinformation croissantes visant à semer le doute et à discréditer les institutions de santé publique dans le monde entier. Outre les effets directs de la pandémie, les conséquences du Covid-19 sur l'économie, la sécurité des individus, la politique et la sécurité nationale continuent de peser sur la reconstruction de l'économie et le rétablissement de la santé mondiale, présentant à la fois des défis connus et imprévus qui se répercuteront probablement sur la société et l'économie mondiale au cours de l'année prochaine et dans les années à venir.

- Au cours de l'année prochaine, l'alourdissement du fardeau de la dette liée à la pandémie, la limitation des dépenses publiques et la hausse globale du sentiment d'insécurité de l'emploi et des perturbations du marché du travail menacent d'accroître le risque d'instabilité financière et de pauvreté, en particulier dans les pays à faible revenu et ceux dont l'économie a le plus souffert du Covid-19.
- La combinaison des défis économiques et de sécurité humaine résultant du Covid-19 mettra probablement encore plus à l'épreuve la capacité des gouvernements à répondre aux besoins de leurs citoyens au cours de l'année prochaine et des années à venir, en particulier lorsqu'ils seront combinés à la nécessité de faire face à des défis similaires liés au réchauffement climatique. Nous pouvons anticiper l'accroissement du mécontentement social et des tensions et divisions au sein de la société, représentant de véritables risques pour la démocratie et la stabilité politique dans plusieurs pays, également touchés par l'augmentation des flux migratoires.
- Malgré une certaine amélioration au cours de l'année écoulée, les services de santé essentiels sont toujours touchés par les effets de la pandémie – dans certains cas, en raison de la pénurie de personnel de santé, de retards accumulés dans la programmation des procédures non urgentes ou de l'absence de recours aux soins en raison de la multiplication des *fake news* ou de la crainte d'être infecté par le virus. Ces facteurs entraîneront probablement des problèmes de santé et entraveront la capacité des pays à lutter contre la maladie, en particulier les pays à revenu faible ou intermédiaire.

Les pays du monde entier restent fragiles face à l'émergence ou à l'introduction d'un nouvel agent pathogène susceptible d'être à l'origine d'une pandémie dévastatrice inédite. Les facteurs d'émergence des maladies ne cessent en effet de se multiplier, tels que le réchauffement climatique, la déforestation, l'intrusion de l'homme dans des écosystèmes autrefois intacts, dont l'équilibre est désormais perturbé, l'exploitation et le commerce d'espèces sauvages, la surproduction alimentaire et l'absence de consensus international sur les normes de biosécurité. Ces facteurs sont aggravés et accélérés par les effets de la mondialisation, facilitant la propagation à l'échelle mondiale, tels que les voyages et le commerce international, l'insuffisance de la surveillance et du contrôle des maladies au niveau mondial, la méfiance à l'égard des autorités de santé publique, la désinformation en matière de santé et les pressions exercées sur les systèmes de santé par la pandémie de Covid-19. Les nouvelles maladies liées à l'agriculture et à l'élevage et la résistance aux antimicrobiens – bien qu'elles n'impliquent pas nécessairement des agents pathogènes susceptibles de provoquer une pandémie – menacent de causer d'immenses dommages économiques et de perturber l'approvisionnement alimentaire si elles se propagent à l'échelle mondiale ou dans de nouvelles régions.

- L'absence de normes mondiales de biosécurité sur le terrain et de mesures de protection suscite toujours des inquiétudes concernant la propagation du virus dans le monde entier. L'intérêt accru pour l'échantillonnage sur le terrain et la recherche biologique avancée depuis le début de la pandémie de Covid-19, le manque de formation et l'absence d'inspection internationale et de mesures de protection normalisées ont contribué au risque de contamination et/ou de failles dans le confinement biologique.

NOTRE ÉVALUATION DES ORIGINES DU COVID-19

La communauté du renseignement américain continue d'enquêter sur la manière dont le SARS-CoV-2, le virus responsable du Covid-19, a infecté l'homme pour la première fois, en maintenant une communauté d'intérêts entre les agences du renseignement. Toutes les agences estiment que deux hypothèses sont plausibles pour expliquer l'origine du Covid-19 : une exposition naturelle à un animal infecté et un incident associé à un laboratoire.

- Pékin persiste à entraver l'enquête mondiale, de s'opposer au partage des informations et de rejeter la faute sur d'autres pays, dont les États-Unis.

ARMES BIOLOGIQUES

Les lacunes mondiales en matière de préparation à la pandémie de Covid-19 et les préoccupations relatives à la biosécurité, les allégations publiques fabriquées de toutes pièces concernant la mise au point d'armes biologiques par les États-Unis et alimentées par des ennemis des États-Unis, ainsi que les questions persistantes concernant les origines du virus du Covid-19, peuvent inciter certains pouvoirs adverses à envisager une riposte par la mise au point d'armes biologiques.

- La Chine, l'Iran, la Corée du Nord et la Russie continuent de diffuser publiquement de fausses informations susceptibles d'alimenter la perception mondiale de la menace que représentent les armes biologiques, notamment en établissant un lien entre les laboratoires américains à l'étranger et les origines du Covid-19, les manquements à la biosécurité, les vaccins non fiables et les armes biologiques. Les messages erronés de la Russie sur les travaux présumés des États-Unis en matière d'armes biologiques ont été amplifiés à la suite de l'invasion de l'Ukraine par la Russie, jusqu'à l'invocation de l'article V de la convention sur les armes biologiques et à toxines en 2022, et persisteront tant que la Russie diffusera ses fausses informations sur la scène internationale.

- Les progrès rapides de la technologie à double usage, comme la bioinformatique, la biologie synthétique, les nanotechnologies et la modification du génome, pourraient permettre le développement de nouvelles armes biologiques qui compliquent la détection, l'attribution et le traitement.

INCIDENTS SANITAIRES ANORMAUX

Nous continuons d'examiner de près les incidents de santé anormaux et d'assurer des soins appropriés pour les personnes touchées. Les agences de la communauté du renseignement estiment, avec différents degrés de fiabilité, que la plupart des incidents de santé signalés peuvent être expliqués par des conditions médicales, ou des facteurs environnementaux ou techniques : il est peu probable qu'un acteur étranger – y compris la Russie – mène une campagne mondiale soutenue impliquant des centaines d'incidents sans être détecté. Cette constatation ne change rien au fait que les rapports fournis par le personnel américain sont fondés sur des expériences avérées, et permet d'expliquer chacun de leurs comptes-rendus. La communauté du renseignement enquête toujours activement sur la question des incidents de santé anormaux, en se concentrant particulièrement sur un sous-ensemble de cas prioritaires pour lesquels aucune cause n'a été exclue, y compris la possibilité d'implication d'un ou plusieurs acteurs étrangers.

AUTRES QUESTIONS TRANSNATIONALES

Si le réchauffement climatique et la pandémie de Covid-19 mettent en évidence les défis posés à la sécurité nationale des États-Unis par un large éventail d'enjeux transnationaux, nous allons maintenant aborder plusieurs autres questions prioritaires. Certaines d'entre elles ont une conséquence directe et immédiate sur les intérêts américains, telles que le trafic de stupéfiants et le terrorisme. D'autres doivent encore se préciser ou posent des défis chroniques et indirects, comme la précarité de notre chaîne d'approvisionnement, la gouvernance de l'internet et les chocs économiques mondiaux. Ces questions varient également dans l'ampleur des menaces qu'elles représentent, ayant un impact large et mondial ou provoquant des effets locaux, voire individuels.

Les menaces transnationales interagissent dans un système complexe avec des menaces plus traditionnelles comme la concurrence entre grandes puissances, se renforçant souvent les unes les autres et créant des risques cumulatifs et en cascade pour la sécurité nationale américaine. Les interconnexions croissantes entre les pays – des chaînes d'approvisionnement aux réseaux sociaux – sont également à l'origine de nouvelles possibilités d'ingérence et de conflit transnationaux.

Plusieurs défis transnationaux se distinguent par les menaces claires et directes qu'ils feront peser sur les intérêts américains au cours des prochaines années. Il s'agit notamment de l'évolution rapide des technologies, de la propagation de la répression numérique sur l'internet, des menaces posées par la criminalité organisée transnationale et le terrorisme, et des effets sociétaux des migrations internationales.

L'ÉVOLUTION DES TECHNOLOGIES

De nouvelles technologies – en particulier dans les domaines de l'intelligence artificielle et de la biotechnologie – sont développées et prolifèrent plus rapidement que les entreprises et les gouvernements ne peuvent établir des normes, protéger la vie privée et prévenir des conséquences dangereuses. La convergence des technologies émergentes pourrait mener à la mise au point de technologies potentiellement révolutionnaires, impossibles à anticiper par l'étude des domaines scientifiques et technologiques niches, ce qui pourrait conduire au développement rapide de menaces asymétriques pour les citoyens et les entreprises.

- La convergence des capacités en matière de calcul haute performance, du *big data* et de l'apprentissage automatique – chacune étant un catalyseur essentiel dans de multiples domaines – pourrait avoir de vastes conséquences, mais encore non identifiées, sur les applications militaires, commerciales et de recherche fondamentale, et donc sur la défense nationale, la sécurité économique et la stabilité politique.
- La simulation à grande échelle et l'accumulation et l'analyse de quantités massives de données révolutionnent de nombreux domaines de la recherche scientifique et technique, avec le potentiel d'influencer le futur champ de bataille et de façonner le discours politique par le biais d'opérations de désinformation. Nos

adversaires considèrent de plus en plus les données comme une ressource stratégique. Ils s'efforcent d'acquérir et d'analyser des données – qu'il s'agisse d'informations personnelles identifiables sur les citoyens américains ou de données commerciales et gouvernementales – susceptibles d'accroître l'efficacité de leurs opérations d'espionnage, d'influence, d'attaque cinétique et de cyberattaque, d'exploiter encore davantage l'économie américaine et de leur conférer un avantage stratégique sur les États-Unis.

- Les services de renseignement étrangers se procurent des technologies de pointe – des cyber-outils aux véhicules aériens et navals sans pilote, en passant par des équipements de surveillance améliorés – qui améliorent leurs capacités et représentent un défi pour la défense américaine. Une grande partie de cette technologie est disponible dans le commerce, ce qui permet à des services auparavant peu sophistiqués de devenir des véritables menaces.
- La pandémie mondiale, qui a donné lieu à une collecte sans précédent de données génétiques et sanitaires dans le monde entier, ainsi que les progrès technologiques dans les domaines du génie génétique, du séquençage du génome et de la modification de l'ADN, nous pousse à investir davantage dans la recherche biotechnologique.
- Plusieurs pays, universités et entreprises privées ont créé ou sont en train de créer des bases de données génétiques ou génomiques centralisées pour collecter, stocker, traiter et analyser les données génétiques, au risque toutefois de compromettre la confidentialité des données génétiques et de santé, et de devenir des cibles faciles de cyberattaques et de vols.
- La Chine collecte les données génétiques et sanitaires de l'ensemble de sa population, renforçant ainsi l'appareil de surveillance et de sécurité de l'État et lui permettant de surveiller, gérer et contrôler encore davantage la

société chinoise en temps réel. Pékin a également recueilli des données génomiques et de santé américaines grâce à des acquisitions et investissements dans des entreprises américaines, mais aussi des cyber-attaques.

Les progrès dans le domaine des semi-conducteurs et de l'informatique haute performance sont à l'origine de percées militaires et technologiques, mais ils augmentent également le risque de surprise technologique, les ordinateurs haute performance rendant bientôt caducs des obstacles de longue date en matière de recherche et de développement. Les progrès de nos adversaires dans le domaine des semi-conducteurs et de l'informatique haute performance pourraient à l'avenir représenter une menace militaire et technologique.

- La Chine dispose peut-être aujourd'hui de deux supercalculateurs exaflopiques utilisant des processeurs ancienne génération, conçus par leurs propres chercheurs – dont aucun n'a été officiellement reconnu ou n'a fait l'objet d'une évaluation indépendante – et prévoit d'en construire d'autres d'ici à 2025. Les ordinateurs exascales sont capables de relever des défis scientifiques de grande ampleur qui auraient été impossibles à réaliser avec les superordinateurs de la génération précédente.
- En juin 2022, la Chine possédait 173 des superordinateurs les plus puissants au monde, soit un tiers de plus que les États-Unis, qui en comptaient 128.

AUTORITARISME NUMÉRIQUE ET INFLUENCE MALVEILLANTE

À l'échelle mondiale, l'utilisation malveillante des technologies de l'information et de la communication numériques par des États étrangers sera de plus en plus répandue, automatisée, ciblée et complexe au cours des prochaines années, menaçant davantage de fausser les informations accessibles au public et devançant les efforts déployés pour protéger les libertés numériques. L'exploitation des données sensibles des citoyens américains et la fraude numérique, notamment *via* les logiciels de cyberespionnage et les technologies de surveillance, continueront de représenter une menace pour les intérêts américains.

Si la politique de répression numérique est généralement l'apanage des gouvernements autoritaires, certains États démocratiques ont adopté des approches similaires, contribuant ainsi au recul et à l'érosion de la démocratie. De nombreux gouvernements étrangers sont devenus des adeptes des outils de répression numérique, employant la censure, la désinformation, la surveillance de masse et les logiciels espions invasifs pour réprimer la liberté de leurs citoyens. Au cours des prochaines années, il est probable que les gouvernements maîtriseront de mieux en mieux les technologies existantes et acquerront rapidement les compétences nécessaires pour tirer pleinement avantage des technologies nouvelles et encore plus intrusives afin de renforcer leur autorité et contrôle, notamment *via* les technologies de surveillance automatisée et les techniques de résolution d'identité.

- La répression numérique s'inscrit dans le cadre d'opérations d'influence numérique plus vastes que de nombreux autocrates mènent à l'échelle mondiale pour tenter d'influencer la perception de leurs régimes par les opinions publiques étrangères, de déclencher des révoltes politiques et sociales dans certaines démocraties, d'influer sur les politiques et d'influencer les opinions et points de vue des électeurs.
- Bien au-delà des moyens de répression traditionnels – la censure de la presse écrite ou l'atteinte physique aux dissidents –, dont ils font toujours usage, les États

ont désormais à leur disposition toute une panoplie de technologies leur permettant d'étouffer la parole et de contraindre la liberté des dissidents avec d'autant plus de facilité. Les entreprises du monde entier proposent des outils et une expertise qui facilitent la surveillance et la répression internes et extraterritoriales des gouvernements.

- L'industrie commerciale des logiciels espions – qui fabrique des outils permettant aux utilisateurs de pirater des appareils numériques tels que des téléphones portables afin de les surveiller – a connu une croissance rapide au cours de la dernière décennie et est aujourd'hui estimée à 12 milliards de dollars. Si certains États utilisent ces outils d'espionnage et des logiciels de surveillance légale pour cibler les criminels et les terroristes, les gouvernements ont également de plus en plus recours aux logiciels espions pour cibler l'opposition politique et les dissidents.
- Les États autoritaires utilisent des logiciels espions et d'autres ressources numériques pour mener une répression transnationale contre des opposants isolés et les communautés issues de la diaspora afin de limiter leur influence à l'international. Où qu'elles résident, la surveillance accrue et les menaces à l'encontre de ces communautés limitent leur liberté d'expression, y compris aux États-Unis et dans d'autres démocraties libérales.
- Pékin a manifesté son intention d'obtenir l'aide d'entreprises commerciales basées en Chine pour surveiller et censurer les détracteurs de la République populaire de Chine à l'étranger, et l'industrie technologique chinoise est l'un des principaux fournisseurs mondiaux de technologies de surveillance avancées pour les gouvernements étrangers.

PROLIFÉRATION NUCLÉAIRE

L'expansion des stocks d'armes nucléaires et de leurs vecteurs, associée à la multiplication des conflits régionaux impliquant des États dotés d'armes nucléaires, constitue un défi de taille dans la lutte contre la dissémination et l'utilisation des armes nucléaires. La mobilisation pour le contrôle des armements jusqu'en 2035 changera probablement de portée et se fera plus complexe à mesure qu'augmenteront le nombre d'armes stratégiques et les pays les possédant.

- La Chine et la Russie cherchent à assurer la stabilité stratégique avec les États-Unis par la croissance et le développement d'une série de capacités d'armement, y compris des armes non traditionnelles destinées à vaincre ou à éviter les défenses antimissiles américaines. Par conséquent, ces nouvelles technologies vont probablement remettre en question la façon dont les États envisagent le contrôle des armements, et nous pensons qu'il sera difficile de parvenir à un accord sur de nouvelles définitions d'armes ou sur des mesures de vérification, en particulier au niveau multilatéral.

CONSÉQUENCES ÉCONOMIQUES MONDIALES DE LA GUERRE ENTRE LA RUSSIE ET L'UKRAINE

L'agression de la Russie contre l'Ukraine a aggravé les fragilités de l'économie mondiale liées au Covid-19, augmenté les prix des produits de base, alimenté la volatilité des marchés et contribué à l'insécurité alimentaire et à l'instabilité financière, en particulier dans les pays à faible revenu. La multiplicité des fragilités qui se renforcent suggère que ces tendances se poursuivront cette année, les gouvernements s'efforçant de protéger leurs populations de l'érosion du niveau de vie liée à l'inflation et à la faible croissance économique.

- Aucun pays n'a été épargné par ces effets. Les économies européennes, qui représentent ensemble un cinquième du PIB mondial, sont confrontées à de multiples difficultés dues aux retombées du conflit. Les approvisionnements en pétrole et en gaz de l'Europe risquent de rester précaires et les prix de l'énergie élevés et volatils, en raison de sa dépendance de longue date à l'égard des approvisionnements en pétrole et en gaz de la Russie, et de la perspective d'une indisponibilité sans précédent de ces approvisionnements. L'Europe est confrontée à des taux d'inflation historiquement élevés, en grande partie à cause de l'impact économique sur les approvisionnements énergétiques, certains pays connaissant leur plus forte inflation depuis quarante ans.
- De nombreux pays à faible revenu ont déjà épuisé leurs réserves de change et disposent d'une faible marge de manœuvre budgétaire pour faire face aux conséquences de l'invasion de l'Ukraine par la Russie. Par conséquent, alors que les banques centrales augmentent les taux d'intérêt pour gérer une inflation plus élevée, l'augmentation des coûts du service de la dette limitera la capacité de nombreux pays à financer leurs dépenses publiques et à maintenir l'approvisionnement alimentaire à coûts abordables.
- Le conflit en Ukraine et l'incertitude causée sur les marchés, combinés à la hausse des taux d'intérêt, ont poussé les investisseurs à se réfugier dans les actifs américains et contribué à la hausse du dollar en 2022, ce qui a entraîné l'affaiblissement d'autres monnaies. Cette dynamique rendra l'accès au crédit mondial plus difficile, en particulier pour les économies à faible revenu, et augmentera le risque de non-remboursement de la dette.

La combinaison des prix élevés de l'énergie et des denrées alimentaires a causé l'augmentation du nombre de personnes confrontées à l'extrême pauvreté et à l'insécurité alimentaire, en particulier dans les pays à faible revenu, et ces pays auront du mal à inverser ces tendances jusqu'en 2023, même si les prix mondiaux des denrées alimentaires se stabilisent. Les prix élevés des denrées alimentaires sont antérieurs à l'invasion de l'Ukraine par la Russie et les réductions des exportations de céréales qui en ont résulté ont réduit le pouvoir d'achat de millions de ménages et limité leur capacité à absorber de nouvelles hausses de prix.

- La Russie et l'Ukraine comptent parmi les plus importants producteurs de matières premières agricoles au monde. Les deux pays sont des exportateurs nets de produits agricoles et d'engrais vers les marchés mondiaux, où l'offre exportable est souvent dédiée à une poignée de pays.
- Avant la guerre, plus de 25 pays dépendaient de la Russie et de l'Ukraine pour plus de 50 % de leurs importations de blé.
- Au niveau mondial, les ménages pauvres consacrent plus de 40 % de leurs revenus à l'alimentation, contre environ 10 % dans les pays à revenu élevé, ce qui rend ces populations particulièrement vulnérables à la hausse persistante des prix des denrées alimentaires.

MIGRATION

Dans l'hémisphère occidental, les facteurs d'attraction et de répulsion qui poussent les migrants d'Amérique latine et des Caraïbes vers les États-Unis – tels que la détérioration des conditions socio-économiques et l'insécurité dans certains pays, les perceptions erronées de l'immigration – ont une incidence sur la qualité de la vie des migrants. Les politiques américaines et les opportunités d'emploi aux États-Unis persisteront probablement jusqu'en 2023.

- Des facteurs tels que des taux de criminalité élevés, la violence, la répression politique, la corruption, la faiblesse des marchés de l'emploi et les mauvaises conditions de vie restent parmi les principaux facteurs de poussée de la migration vers les États-Unis en provenance de Colombie, de Cuba, du Salvador, du Guatemala, de Haïti, du Honduras, du Mexique, du Nicaragua et du Venezuela, parce que les pays d'origine n'ont pas les ressources ou la volonté nécessaires pour relever ces défis.
- Depuis 2020, l'augmentation des flux migratoires en provenance de Haïti et du Venezuela vers les pays d'Amérique latine et des Caraïbes a imposé des coûts économiques aux pays d'accueil et y a accentué la xénophobie, diminuant ainsi leur volonté d'accueillir ces migrants. L'augmentation des obstacles au maintien dans les pays voisins pourrait inciter davantage de migrants haïtiens et vénézuéliens à considérer la migration vers les États-Unis comme un objectif attrayant.
- Les gouvernements d'Amérique latine et des Caraïbes s'efforcent de gérer le flux important et durable de migrants de toute la région qui se dirigent vers la frontière américaine. Les mesures que la plupart des gouvernements sont prêts à prendre pourraient ralentir certains migrants se dirigeant vers la frontière américaine, mais ne changeront probablement pas grand-chose à la dynamique qui sous-tend les niveaux élevés et durables de migration irrégulière vers les États-Unis.
- Les organisations criminelles transnationales (OTC) exploitent les migrants par l'extorsion, l'enlèvement et la traite des êtres humains, y compris le trafic sexuel et le travail forcé.

Dans le monde entier, le nombre de personnes déplacées par les conflits, la violence et les catastrophes naturelles à l'intérieur de leurs frontières nationales et vers d'autres pays continue d'augmenter, mettant à rude épreuve les capacités des gouvernements à s'occuper de leurs populations nationales et à atténuer le mécontentement de l'opinion publique qui en découle. Parallèlement, l'écart croissant entre les besoins humanitaires et l'aide financière internationale risque d'exacerber les flux migratoires.

- L'invasion de l'Ukraine par la Russie a provoqué le plus grand afflux de réfugiés dans les pays européens depuis la Seconde Guerre mondiale. Plus de quatre millions d'Ukrainiens se sont inscrits pour bénéficier d'une protection au titre de la directive européenne sur la protection temporaire, dont plus d'un million en Pologne. Le soutien de l'opinion publique européenne aux réfugiés ukrainiens a été fort depuis le début de la guerre. Au fil du temps, cependant, les défis économiques intérieurs de l'Europe, notamment l'inflation et la flambée des coûts de l'énergie, pourraient affaiblir le niveau de soutien des Européens à l'accueil des réfugiés. Le logement à long terme des réfugiés ukrainiens pourrait devenir un problème dans certains États membres de l'UE, car de nombreux réfugiés sont hébergés plutôt que locataires de leur propre logement.
- Les projections scientifiques prévoyant des précipitations inférieures à la moyenne et des sécheresses dans certaines parties de la Corne de l'Afrique et de l'Amérique du Sud, ainsi que des inondations dans d'autres régions au cours de l'année à venir, entraîneront probablement davantage de migrations, alors même que des pays comme le Pakistan se remettent des catastrophes naturelles qui se sont produites en 2022.

LA CRIMINALITÉ ORGANISÉE TRANSNATIONALE

Les organisations criminelles transnationales (TCO) menacent la sécurité publique des États-Unis et de leurs alliés, compromettent l'intégrité du système financier international et érodent l'État de droit dans les pays partenaires. Ces défis ont une incidence directe sur la sécurité nationale des États-Unis en favorisant les migrations irrégulières, en stimulant la criminalité et la violence et en faisant progresser les intérêts de certains adversaires des États-Unis. Les organisations criminelles transnationales se livrent à la production et au trafic de drogue, à la traite des êtres humains, au blanchiment d'argent et à la criminalité financière, ainsi qu'à la cybercriminalité, qui ont un impact direct sur les États-Unis.

- Les organisations criminelles transnationales considèrent la traite des êtres humains, y compris la traite sexuelle et le travail forcé, et la contrebande comme des crimes d'opportunité à faible risque, motivés par le gain financier.

Drogues illicites étrangères

Les organisations criminelles transnationales basées dans l'hémisphère occidental et impliquées dans la production et le trafic de drogues illicites à destination des États-Unis mettent en danger la santé et la sécurité de millions de citoyens américains et alimentent la criminalité et la corruption. Les services répressifs américains saisissent des quantités croissantes de fentanyl et la majorité des plus de 100 000 décès annuels dus à des surdoses de drogue aux États-Unis sont imputables au fentanyl.

- Les organisations criminelles mexicaines sont les principaux producteurs et fournisseurs de drogues illicites sur le marché américain, notamment de fentanyl, d'héroïne, de méthamphétamine et de cocaïne d'origine sud-américaine. Les organisations criminelles mexicaines ont inondé les États-Unis de pilules de contrefaçon bon marché contenant du fentanyl, dont certaines ont des formes différentes et des couleurs arc-en-ciel, ce qui a contribué à la forte augmentation du nombre de décès par overdose chez les adolescents américains depuis 2019.

- Les organisations criminelles mexicaines se procurent la majorité des précurseurs chimiques nécessaires à la production de fentanyl en Chine par l'intermédiaire de courtiers en produits chimiques principalement chinois et mexicains et sont en mesure de contourner les contrôles internationaux grâce à des envois mal étiquetés et à l'achat de produits chimiques à double usage non réglementés.
- Les organisations criminelles mexicaines se livrent à de violents conflits territoriaux avec leurs rivales au sujet des itinéraires de trafic de drogue et de migrants. La Colombie, premier producteur mondial de cocaïne, connaît une augmentation du nombre d'homicides, en partie due aux TCO impliquées dans le commerce de la drogue.

Blanchiment de capitaux et criminalité financière

Les organisations criminelles transnationales menacent l'intégrité du système financier américain et international, en blanchissant des milliards de dollars de produits illicites à travers les États-Unis et d'autres institutions financières. Les organisations criminelles transnationales utilisent régulièrement des sociétés écrans pour masquer leur identité et peuvent s'appuyer sur des blanchisseurs d'argent professionnels ou des gardiens, tels que des comptables, des avocats, des notaires et des courtiers en immobilier, pour accéder aux systèmes financiers légitimes. Les TCO déplacent et blanchissent les produits illicites par le biais de la contrebande d'espèces en vrac, de l'exploitation des canaux légitimes de transfert de fonds, de l'achat de biens immobiliers aux États-Unis, de dépôts structurés, du blanchiment d'argent basé sur le commerce et de virements électroniques.

Cybercriminalité

Les acteurs transnationaux organisés de rançonnage continuent d'améliorer et d'exécuter des attaques de rançonnage à fort impact, extorquant des fonds, perturbant des services critiques et exposant des données sensibles. Alors que des services importants et des infrastructures critiques telles que les soins de santé, les écoles et l'industrie manufacturière ont continué à subir des attaques, dont une grande partie aux États-Unis, un nombre croissant d'attaques de rançonnage observées en 2022 ont également ciblé des gouvernements dans le monde entier.

- Les principaux groupes de cybercriminels ont diversifié les modèles commerciaux des rançonnages, y compris de nouvelles formes d'extorsion, telles que la menace de divulgation des données capturées en même temps que le cryptage des données, et ont amélioré la capacité de leurs logiciels malveillants à affecter un plus large éventail de cibles techniques telles que les hôtes de machines virtuelles et les dispositifs de stockage en réseau.

Les groupes de rançongiciels cessent parfois leurs activités en réponse à une attention particulière, à une action des forces de l'ordre ou à une perturbation de l'infrastructure, bien que les membres du groupe trouvent également des moyens de changer de nom, de se reconstituer ou de renouveler leurs activités à la suite de ces perturbations. Ils peuvent également remettre en question ou limiter les attaques contre les groupes cibles qui s'avèrent les plus résistants en refusant de payer les rançons demandées.

TERRORISME MONDIAL

Les personnes et les intérêts américains sur le territoire national et à l'étranger seront confrontés à une menace terroriste persistante et de plus en plus diversifiée au cours de l'année prochaine. Les individus et les cellules qui adhèrent aux idéologies défendues par l'État islamique d'Irak et du Sham (ISIS), Al-Qaïda ou le mouvement transnational des extrémistes violents à motivation raciale ou ethnique représentent une menace terroriste importante pour les personnes, les installations et les intérêts des États-Unis. L'Iran et le Hezbollah libanais restent déterminés à mener des attaques terroristes et pourraient chercher à le faire sur le sol américain. Alors que l'État islamique et Al-Qaïda ont subi d'importantes pertes de dirigeants en 2022, dégradant les opérations et les capacités extérieures, les ramifications des deux organisations continuent d'exploiter les conflits locaux et l'instabilité politique plus large pour réaliser des gains territoriaux et opérationnels.

État islamique d'Irak et du Sham (ISIS)

Même après la perte de plusieurs dirigeants clés de l'État islamique en 2022, l'insurrection de l'État islamique en Irak et en Syrie persistera car le groupe cherche à reconstruire ses capacités et à reconstituer ses rangs. La menace de l'État islamique contre les personnes, les installations et les intérêts américains restera probablement plus importante dans les régions où le groupe a une présence opérationnelle. Toutefois, l'idéologie et la propagande de l'État islamique continueront très certainement à inspirer des attaques en Occident, y compris aux États-Unis.

- En Irak et en Syrie, l'État islamique a ralenti son rythme opérationnel par rapport à la période où il contrôlait le territoire physique de 2014 à 2019, probablement en raison de déficits logistiques, financiers, de personnel et de leadership.

- La menace de l'État islamique pour les personnes et les intérêts américains est la plus grande dans les régions où l'État islamique possède un affilié dangereux, comme l'Afrique, l'Asie centrale et l'Asie du Sud, ainsi que le Moyen-Orient.
- En Afghanistan, l'État islamique du Khorasan poursuivra sa campagne contre les talibans et les minorités religieuses, avec des répercussions mortelles pour les civils du pays. L'État islamique du Khorasan conserve très certainement l'intention de mener des opérations en Occident et poursuivra ses efforts pour attaquer en dehors de l'Afghanistan.

Al-Qaïda

Al-Qaïda a considéré la prise de pouvoir des talibans comme une victoire pour le djihad mondial, mais la mort de l'émir général Ayman al-Zawahiri en 2022 perturbera les plans du groupe en Afghanistan. Le groupe s'appuiera sur ses affiliés régionaux pour soutenir l'organisation, certains dirigeants d'Al-Qaïda cherchant à se réfugier en Iran tout en s'adaptant aux restrictions imposées par les talibans en Afghanistan.

- Al-Qaïda évaluera probablement sa capacité à opérer en Afghanistan dans le cadre des restrictions imposées par les talibans et se concentrera sur le maintien de son refuge avant de chercher à mener ou à soutenir des opérations extérieures à partir de l'Afghanistan.
- La menace que représente Al-Qaïda en Afghanistan dépendra des talibans, de l'attrait de l'Afghanistan par rapport à d'autres zones géographiques et de l'orientation des dirigeants.

Al-Qaïda reste déterminé à attaquer les intérêts américains, bien que la menace soit plus importante dans les régions où ses affiliés opèrent que sur le territoire américain.

Les affiliés d'Al-Qaïda en Afrique de l'Est et de l'Ouest et au Yémen représentent la plus grande menace pour les personnes, les installations et les intérêts américains dans leurs régions respectives. La confiance des affiliés dans leurs capacités d'attaque extérieure, le calcul des risques et la perception de la menace que les États-Unis font peser sur les objectifs locaux des groupes influencent la priorité qu'ils accordent aux attaques contre les intérêts américains.

- Les affiliés d'Al-Qaïda en Afrique, tels qu'Al-Qaïda dans les pays du Maghreb islamique (AQMI) et Al-Shabaab, exploitent l'instabilité au Burkina Faso, en Éthiopie et au Mali, ainsi que la faiblesse de la sécurité aux frontières en Afrique de l'Ouest, pour étendre leur contrôle territorial et défier les forces de sécurité locales.

Hezbollah

Le Hezbollah libanais continuera à développer ses capacités terroristes globales en complément des capacités militaires conventionnelles croissantes du groupe dans la région.

- Le Hezbollah cherche à réduire l'influence des États-Unis au Liban et dans l'ensemble du Moyen-Orient, et conserve la capacité de prendre pour cible des personnes et des intérêts américains dans la région, dans le monde entier et, dans une moindre mesure, aux États-Unis. L'Iran pourrait tirer des avantages stratégiques si le Hezbollah menait des activités terroristes sur le sol américain.

Extrémistes violents transnationaux à motivation raciale ou ethnique

Les groupes transnationaux d'extrême droite continuent de représenter la menace la plus mortelle pour les personnes et les intérêts américains, et une menace importante pour un certain nombre d'alliés et de partenaires des États-Unis, par le biais d'attaques et d'une propagande prônant la violence.

Les groupes transnationaux d'extrême droite sont en grande partie des mouvements décentralisés d'adeptes d'une idéologie qui prône le recours à la violence pour promouvoir la suprématie de la race blanche, le néonazisme et d'autres croyances culturelles et nationalistes d'exclusion. Ces acteurs cherchent de plus en plus à semer des divisions sociales, à soutenir des gouvernements de type fasciste et à attaquer les institutions gouvernementales. La structure transnationale et souple des groupes extrémistes violents à motivation raciale ou ethnique pose un défi aux services de sécurité locaux et crée une résistance aux perturbations.

- Les groupes extrémistes transnationaux violents à motivation raciale ou ethnique tirent parti de l'hyperpolarisation sociétale et politique pour tenter de légitimer leurs objectifs et d'intégrer leurs récits et leurs théories du complot dans le discours public. Ils pensent que le recrutement de militaires les aidera à organiser des cellules en vue d'attaques contre les minorités ou les institutions qui s'opposent à leur idéologie.
- Les groupes extrémistes transnationaux violents à motivation raciale ou ethnique ont préparé des attentats et encouragé la violence contre des fonctionnaires en Australie et dans toute l'Europe, notamment en Belgique, en France, en Allemagne et en Islande. Les groupes extrémistes transnationaux violents à motivation raciale ou ethnique appellent souvent à commettre des attentats aux États-Unis et dans les pays alliés, et certains attentats commis par des groupes extrémistes violents à motivation raciale ou ethnique aux États-Unis ont été partiellement inspirés par des attentats commis par des groupes extrémistes violents à motiva-

tion raciale ou ethnique à l'étranger et par des récits de groupes extrémistes transnationaux violents à motivation raciale ou ethnique, mais nous ne disposons pas d'informations indiquant que des groupes extrémistes violents à motivation raciale ou ethnique étrangers ont directement aidé à commettre des attentats aux États-Unis.

- Terrorgram, un réseau de canaux faiblement connectés sur l'application de messagerie Telegram, a contourné de nombreux efforts de modération du contenu. Terrorgram sert de forum transnational aux groupes extrémistes violents à motivation raciale ou ethnique pour partager leur propagande, échanger des conseils opérationnels et valoriser les auteurs d'attaques terroristes antérieures.

Un conflit prolongé en Ukraine pourrait permettre aux extrémistes violents étrangers d'acquérir de l'expérience sur le champ de bataille et de se procurer des armes. Au lendemain de l'invasion de l'Ukraine par la Russie, l'Ukraine a fait l'objet de nombreuses discussions en ligne entre des extrémistes violents étrangers, bien que le nombre total d'extrémistes violents étrangers se rendant en Ukraine ait été limité.

CONFLITS ET FRAGILITÉ

Les conflits interétatiques, l'instabilité des États et d'autres problèmes de gouvernance posent des défis directs et indirects aux intérêts américains sur le territoire national et à l'étranger, ainsi qu'à nos alliés et partenaires. Les tensions croissantes sous-tendues par l'intensification de la concurrence stratégique ont de nombreuses conséquences pour la sécurité nationale des États-Unis et de leurs partenaires.

Par exemple, les opérations militaires accrues des pays dans un certain nombre de points chauds géographiques risquent d'entraîner une escalade involontaire et un conflit interétatique. La guerre de la Russie en Ukraine, associée à la pandémie de Covid-19, a accru la pauvreté, freiné la croissance économique et creusé les inégalités, créant ainsi des conditions propices aux troubles intérieurs, aux insurrections, au recul de la démocratie et à l'autoritarisme.

CONFLITS INTERÉTATIQUES POTENTIELS

La guerre en Ukraine a démontré que les conflits interétatiques n'affectent pas seulement les parties directement concernées, mais peuvent avoir des répercussions plus larges en cascade sur la sécurité, l'économie et l'aide humanitaire à l'échelle régionale, voire mondiale. Voici quelques-uns des conflits potentiels entre États qui pourraient avoir des répercussions nécessitant l'attention immédiate des États-Unis.

Inde-Chine

Bien que l'Inde et la Chine se soient engagées dans des discussions bilatérales sur les frontières et aient résolu des points frontaliers, les relations resteront tendues à la suite de l'affrontement meurtrier entre les deux pays en 2020, le plus grave depuis des décennies. Le renforcement des positions militaires de l'Inde et de la Chine le long de la frontière contestée accroît le risque d'une confrontation armée entre deux puissances nucléaires qui pourrait entraîner des menaces directes à l'encontre de personnes et d'intérêts américains, ainsi que des appels à l'intervention des États-Unis. Les précédents affrontements ont montré que des frictions persistantes à bas niveau sur la ligne de contrôle effective (LAC) peuvent rapidement dégénérer.

Inde-Pakistan

Les crises entre l'Inde et le Pakistan sont particulièrement préoccupantes en raison du risque d'escalade entre deux États dotés de l'arme nucléaire. New Delhi et Islamabad sont probablement enclins à renforcer le calme actuel dans leurs relations.

Les relations entre l'Inde et le Pakistan se sont améliorées à la suite du renouvellement par les deux parties d'un cessez-le-feu le long de la ligne de contrôle au début de l'année 2021. Cependant, le Pakistan soutient depuis longtemps des groupes militants anti-indiens et, sous la direction du Premier ministre Narendra Modi, l'Inde est plus susceptible que par le passé de répondre par la force militaire à des provocations pakistanaises perçues ou réelles. La perception par chaque partie de tensions accrues accroît le risque de conflit, avec des troubles violents au Cachemire ou une attaque de militants en Inde comme points d'ignition potentiels.

Azerbaïdjan-Arménie

Les relations entre l'Arménie et l'Azerbaïdjan resteront probablement tendues et parfois volatiles en l'absence d'un traité de paix, en raison de la proximité des forces militaires à la frontière interétatique, de l'absence d'application d'un cessez-le-feu et de l'absence d'un accord de coopération entre l'Arménie et l'Azerbaïdjan et de la volonté de l'Azerbaïdjan d'utiliser une pression militaire calibrée pour faire avancer ses objectifs dans les pourparlers avec l'Arménie.

La présence continue de forces militaires à proximité immédiate le long de la frontière délimitée accroît le risque d'un conflit entre l'Azerbaïdjan et l'Arménie, bien que de telles confrontations soient susceptibles d'être limitées en durée et en intensité.

- Depuis mai 2021, des affrontements militaires ont lieu régulièrement à la frontière interétatique et autour de la région du Haut-Karabakh. La flambée la plus intense a eu lieu en septembre 2022, lorsque les forces azerbaïdjanaises ont lancé une attaque coordonnée à plusieurs endroits le long de la frontière, s'emparant d'une partie du territoire arménien et faisant près de 300 morts parmi les militaires.
- Les pourparlers de paix ont progressé, mais les questions les plus délicates, liées aux frontières de l'État et à l'avenir du Haut-Karabakh, sont loin d'être résolues.

CONFLITS INTERNES

Les troubles intérieurs, qu'ils soient dus à des divisions sociales, à des idéologies politiques concurrentes ou à l'incapacité de l'État à fournir des services humains de base, peuvent alimenter des cycles de violence, des insurrections et des conflits internes. Les conséquences se font souvent sentir au-delà des frontières de la région touchée, propageant parfois la discorde à d'autres pays et élargissant la portée et l'ampleur des problèmes de sécurité.

Qu'il s'agisse d'accès de violence ou d'insurrections et de guerres civiles de longue durée, ces conflits internes peuvent éroder les institutions gouvernementales, enraciner les divisions internes et épuiser les ressources de l'État, tout en mettant à l'épreuve la capacité des États-Unis et de leurs alliés à établir un partenariat efficace avec ces pays. Nous présentons ci-dessous quelques-uns des pays et régions en proie à la violence, aux troubles et aux insurrections.

L'Irak

La stabilité de l'Irak dépendra de la capacité du nouveau gouvernement à fournir des services publics, à répondre aux griefs largement répandus concernant la corruption et à maintenir des opérations de sécurité pour empêcher une résurgence de l'ISIS. Les milices chiites irakiennes continueront très certainement de représenter une menace crédible pour les forces américaines en Irak et dans la région.

- Après une année d'impasse politique et de violences intra-chiites accrues à la suite des élections d'octobre 2021, le cadre de coordination aligné sur l'Iran a élu un nouveau président et désigné un Premier ministre en octobre 2022. Le religieux chiite Muqtada al-Sadr s'est engagé à ne pas participer au nouveau gouvernement.

Birmanie

La violence prolongée entre la junte birmane et ses opposants démocrates va probablement s'intensifier, car aucune des deux parties n'a la capacité militaire de remporter une victoire absolue dans un avenir proche, et les deux parties considèrent de plus en plus leur conflit en termes existentiels, ce qui exclut effectivement tout compromis. Une rupture de la cohésion militaire ou des changements significatifs dans le soutien extérieur à l'une ou l'autre des parties – en particulier aux forces anti-régime – sont probablement nécessaires pour créer les conditions d'une victoire militaire ou d'un accord politique.

- La poursuite de la violence, combinée à la détérioration de l'économie, risque de maintenir la crise actuelle.

Cette crise humanitaire et des droits de l'homme a des répercussions sur la cohésion de la Birmanie et la sécurité régionale.

Afrique de l'Est

En Afrique de l'Est, des conflits internes prolongés mettent à rude épreuve les capacités régionales et ouvrent la voie à une participation accrue des acteurs extérieurs. Il s'agit notamment de conflits civils en Éthiopie, d'une insurrection croissante en République démocratique du Congo (RDC) et d'une instabilité persistante en Somalie. Les conflits internes persistants dans deux des plus grands pays de la région, l'Éthiopie et la RDC, érodent la confiance entre les dirigeants et le public et alimentent les tensions interethniques. Les initiatives diplomatiques et sécuritaires régionales visant à résoudre ces conflits ont attiré d'autres pays africains, en particulier l'Angola, le Kenya et l'Afrique du Sud.

- Nous sommes préoccupés par le fait que la présence continue de l'Érythrée et des milices alliées en Éthiopie, à la suite d'un accord de cessation des hostilités entre le gouvernement et les Tigréens, continue d'accroître le risque d'atrocités à l'encontre de la population civile du Tigré. En outre, l'escalade des attaques du Front de libération Oromo a exacerbé les tensions entre les Oromo et les Amhara – les deux groupes ethniques les plus importants du pays – et a conduit à une augmentation de la violence contre les civils et entre le groupe et les forces de sécurité du gouvernement.

- Dans l'est de la RDC, les combats entre l'armée de la RDC et les groupes rebelles soutenus par le Rwanda, connus sous le nom de «23 mars», ont contribué à la plus grande situation de déplacement interne en Afrique. Le Rwanda intervient depuis longtemps dans l'est de la RDC et considère l'incapacité de Kinshasa à éradiquer les groupes rebelles anti-rwandais comme une menace pour sa stabilité. Les discours haineux et la violence à l'encontre des Rwandais de souche dans l'est de la RDC sont en augmentation.
- En Somalie, Al-Shabaab a intensifié ses attaques en réponse aux offensives menées contre le groupe par le gouvernement fédéral, allié aux milices claniques locales et aux forces partenaires, dans le centre de la Somalie depuis le milieu de l'année 2022. Parallèlement à cette campagne, le président Hassan Sheikh Mohamud s'efforce de rétablir les liens avec les États membres fédéraux, une relation tendue qui a contribué à la mauvaise gouvernance chronique et à l'absence de prestation de services à la population somalienne.

Hémisphère occidental

Dans toute la région de l'Amérique latine et des Caraïbes, la frustration croissante des électeurs face à l'incapacité de leurs gouvernements à améliorer le niveau de vie alimentera des protestations continues contre le pouvoir en place et même des poussées de troubles jusqu'en 2030. En Haïti, par exemple, l'inefficacité du gouvernement, la violence permanente des gangs, la volatilité politique, l'économie chancelante et les problèmes de santé ont alimenté l'insécurité intérieure et les explosions de violence, qui sont devenues de plus en plus imprévisibles, compliquant une situation humanitaire déjà précaire.

Afghanistan

Le régime taliban continuera à donner la priorité à l'application du régime théocratique et à la consolidation du pouvoir plutôt qu'à la construction d'un État moderne, contribuant ainsi aux faiblesses économiques structurelles de l'Afghanistan et à la crise humanitaire persistante.

- Il est peu probable que les talibans améliorent de manière significative l'inclusivité du régime. Celui-ci ne compte actuellement que peu de minorités ethniques et aucune femme n'occupe de poste de haut niveau. Les érudits religieux liés aux talibans continueront probablement à user de leur influence pour orienter l'interprétation politique de la charia par le régime en diffusant et en clarifiant les directives des talibans.
- Dans tout le pays, la plupart des écoles secondaires pour filles restent fermées et les femmes n'ont pas le droit de travailler dans de nombreux secteurs, d'aller à l'université et de parcourir de longues distances de manière indépendante. Dans de nombreuses régions, les châtiments publics ont repris, de même que le contrôle des médias et la répression des manifestations. Toutefois, les perspectives à court terme d'une résistance menaçant le régime sont faibles, car de larges pans de la population afghane sont las de la guerre et craignent les représailles des talibans, et les restes armés manquent d'un leadership fort et d'un soutien extérieur.

Les dirigeants talibans ne disposent pas des ressources et des capacités techniques nécessaires pour favoriser une reprise durable de l'économie afghane, qui s'est contractée de 30 % depuis la prise du pouvoir par les talibans. Ils s'appuieront probablement sur l'aide humanitaire pour maintenir certains services de base et préféreront présider un système économique plus rudimentaire plutôt que d'accepter des conditions internationales pour obtenir une aide supplémentaire.

- La majorité des Afghans souffrent d'insécurité alimentaire en raison des effets du conflit, de la sécheresse et des catastrophes naturelles. La poursuite de la détérioration économique pourrait accroître le désir et les tentatives des Afghans d'émigrer vers les pays voisins.
- Les puissances régionales continueront à limiter leurs intérêts à la maîtrise des problèmes en Afghanistan et chercheront à conclure des accords transactionnels avec les talibans tout en procédant avec prudence à une reconnaissance formelle. Ces gouvernements ont été frustrés par le régime taliban sur des questions telles que la sécurité des frontières et les droits sur l'eau.

DÉFIS DE GOUVERNANCE

Partout dans le monde, des pays luttent pour maintenir des systèmes démocratiques et empêcher la montée de régimes autoritaires, dans certains cas parce que des régimes autoritaires tels que la Russie et la Chine aident les autocrates à accéder au pouvoir et à s'y maintenir.

Les défis sont souvent liés à la diminution des ressources socio-économiques, à l'augmentation de la pauvreté et du nombre de réfugiés.

Les États-Unis et leurs alliés ont eu plus de mal à faire face aux défis transnationaux que sont l'érosion de la démocratie dans le monde, les tensions dans les alliances américaines et les remises en cause des normes internationales acceptées. Au cours de la dernière décennie, l'érosion de la démocratie dans le monde, les tensions dans les alliances américaines et la remise en cause des normes internationales acceptées ont rendu plus difficile la tâche des États-Unis et de leurs alliés pour relever les défis transnationaux tels que le changement climatique et la pandémie, tout en offrant aux gouvernements et aux groupes voyous de plus grandes possibilités d'agir en toute impunité. Nous présentons ci-dessous quelques-unes des régions et des pays qui seront confrontés à des problèmes de démocratisation et de gouvernance.

Afrique

Sur l'ensemble du continent, les gouvernements auront des difficultés à répondre aux demandes du public dans un contexte de pénuries alimentaires, de flambée des prix des produits de base, de détérioration des conditions socio-économiques et de stress lié à des événements climatiques extrêmes et à l'insécurité.

En outre, la prévalence d'autocrates vieillissants, les perturbations des équilibres ethniques fragiles et les transitions prolongées entre les régimes militaires d'après coup d'État et les régimes civils sont susceptibles de compromettre les perspectives de gouvernance stable dans plus d'une douzaine de pays.

- En Afrique de l'Ouest, un mélange explosif de recul démocratique, d'incapacité des États à assurer la sécurité et d'expansion du terrorisme continuera à menacer la stabilité de la région. Les populations d'Afrique de l'Ouest ont perdu leurs illusions sur la manière dont les dirigeants élus ont gouverné, en particulier sur leur incapacité à adhérer aux normes de gouvernance démocratique et sur la manipulation des institutions, ce qui pourrait conduire à une augmentation des protestations en l'absence de réformes gouvernementales.
- En Afrique de l'Est et en Afrique centrale, les conditions climatiques, telles que la sécheresse et les inondations, et l'insécurité alimentaire persistante risquent de saper les efforts déployés par les dirigeants pour améliorer la gouvernance et l'économie.

L'Europe

Les partis populistes de l'ensemble du spectre politique profiteront probablement de l'inflation et des prix élevés de l'énergie pour accroître leur soutien dans au moins quelques élections nationales et infranationales au cours de l'année à venir et rendre les gouvernements – même ceux dans lesquels ils ne sont pas représentés – plus prudents en matière de libéralisation de l'immigration ou du commerce.

Les partis populistes qui s'opposent à l'immigration et à une intégration plus poussée de l'UE en utilisant une rhétorique anti-establishment constituent la plus grande partie de ce groupe et ont canalisé la frustration des électeurs face à la gestion des crises successives par les dirigeants traditionnels et à l'érosion perçue de la culture et de la souveraineté nationales.

Les divergences de vues des gouvernements sur des politiques clés, dans certains cas en raison de craintes de retombées intérieures, ont entravé l'approfondissement de l'intégration politique et économique de l'UE et contribué à certaines tensions commerciales transatlantiques.

- Dans certains pays d'Europe centrale, les dirigeants populistes ont commencé à éroder les pratiques démocratiques en utilisant le pouvoir de l'État pour obtenir des avantages politiques injustes. Ces dirigeants ont adopté des politiques qui sapent la liberté de la presse, affaiblissent les systèmes judiciaires indépendants, profitent de manière disproportionnée à leurs propres partis et renforcent la corruption et le manque de responsabilité.
- Si la crise énergétique actuelle de l'Europe se transforme en une récession économique prolongée, il est presque certain que des difficultés économiques prolongées susciteraient le mécontentement de la population – qui pourrait aller jusqu'à une augmentation des manifestations publiques de masse – et mineraient le

soutien aux gouvernements européens traditionnels tout en augmentant le soutien aux partis populistes et extrémistes. Les efforts des partis traditionnels pour regagner le soutien de la population en adoptant des politiques populistes ont généralement échoué et pourraient également nuire à la qualité de la démocratie.

Hémisphère occidental

La faiblesse persistante de l'économie, aggravée par les effets néfastes de la pandémie de Covid-19, l'insécurité et la corruption, alimente la frustration du public et les pressions contre le statu quo, ce qui posera très probablement des problèmes de gouvernance aux dirigeants d'Amérique latine et des Caraïbes au moins jusqu'en 2030.

Confrontés à des exigences contradictoires pour relancer la croissance tout en répondant aux demandes de réformes durables de la part du public, les dirigeants latino-américains auront peu de latitude pour ajuster les priorités budgétaires ou emprunter des fonds pour atteindre des objectifs clés. Les dirigeants régionaux privilégieront très probablement des solutions économiques rapides plutôt que des réformes difficiles pour obtenir quelques succès politiques.

- De graves pénuries de produits de première nécessité, une inflation élevée et un manque d'électricité fiable alimentent une vague record d'immigration vers les États-Unis.
- Les perspectives de redressement économique du Venezuela sont médiocres et il faudrait probablement des décennies pour qu'elles s'améliorent en cas de départ du régime actuel. Il est peu probable que le Venezuela connaisse un rétablissement complet de la démocratie dans un avenir proche.

Tunisie

La détérioration de la situation économique de la Tunisie, associée à la consolidation en cours de l'autorité du président Kais Saied, augmente le risque d'une grave rupture de la stabilité. Des scénarios plausibles mais peu probables découlant d'un effondrement économique grave comprennent une transition irrégulière du leadership provoquée par un soulèvement populaire ou, moins probablement, l'effondrement de l'État ou un coup d'État.

- M. Saied a donné la priorité à la mise en œuvre de son plan de réforme politique plutôt que de s'attaquer aux mauvaises conditions économiques qui ont toujours été à l'origine des troubles en Tunisie.

La Tunisie est confrontée à une aggravation des pénuries et de l'inflation alors qu'elle attend un prêt du FMI et d'autres financements extérieurs qui aideraient le gouvernement à éviter un nouveau déclin économique.

DEUXIÈME PARTIE

AUDITION SUR LES MENACES ACTUELLES DANS LE MONDE

Sénat des États-Unis,
Commission permanente sur le renseignement [1]

Washington, D.C.
(8 mars 2023)

1. L'*United States Senate Select Committee on Intelligence* (parfois appelé SSCI) est une commission permanente du Sénat américain dédiée à la surveillance de la communauté du renseignement.

INTRODUCTIONS

MARK ROBERT WARNER (*Président du SSCI. Démocrate*)

Nous vivons dans un monde de plus en plus difficile et complexe. Si la guerre en cours en Ukraine a montré que les capacités militaires conventionnelles sont toujours importantes, je pense que la nature même de la sécurité nationale est en train de subir une profonde transformation. La sécurité nationale en 2023 n'est pas la même qu'en 1993, ni même qu'en 2003. Nous ne pouvons plus nous contenter de nous demander qui possède le plus de chars, d'avions ou de missiles. Nous devons également nous concentrer sur la technologie, les fonds consacrés à la recherche et au développement, les flux d'investissements stratégiques et les chaînes d'approvisionnement. En effet, celui qui relève les défis dans les domaines technologiques aura un avantage dans la compétition pour la sécurité nationale à l'avenir. Nous l'avons déjà constaté avec l'impact considérable des outils cybernétiques, qui donnent désormais aux acteurs étatiques et non étatiques le pouvoir de paralyser l'infrastructure critique d'un pays et des économies entières à partir d'un clavier, sans tirer un seul coup de feu.

Nous assistons à une concurrence accrue dans l'espace technologique avec des régimes autoritaires qui remettent en cause les normes démocratiques dans leur pays et le monde entier. La République populaire de Chine, sous la direction du président Xi et du Parti communiste chinois, est malheureusement devenue un concurrent à la hauteur de notre pays sur le plan de l'économie, de la technologie et des capacités militaires. Je pense qu'il est plus important que le simple politiquement correct de souligner, du moins dans mon esprit, que notre problème se situe au niveau de Xi Jinping, du Parti communiste et de leurs tendances autoritaires. Ce n'est pas contre le peuple chinois, ni contre les Américains d'origine chinoise ou asiatique, qui ont souvent été les plus fervents critiques du régime de plus en plus autoritaire du gouvernement Xi, et qui sont souvent eux-mêmes victimes de la répression du PCC. Alors que l'Amérique s'est concentrée pendant deux décennies sur la lutte contre le terrorisme, la Chine s'est empressée de dépasser les États-Unis dans une série de technologies émergentes et fondamentales, telles que les communications sans fil avancées, les semi-conducteurs, la biologie synthétique quantique et l'énergie de nouvelles générations. Elle s'est également emparée non seulement de l'extraction, mais aussi du traitement des minerais de terres rares, essentiels pour un grand nombre de ces technologies. La RPC est également devenue un acteur majeur des normes technologiques internationales en créant des organismes et en s'intégrant dans les chaînes d'approvisionnement mondiales. C'est pourquoi les États-Unis doivent investir énergiquement dans les talents, les outils et la recherche, afin d'être à la pointe des technologies de demain. Aujourd'hui, vous serez sans doute interrogé sur l'évaluation de la communauté du renseignement concernant les origines du Covid-19. Soyons clairs : malgré les dénégations de la Chine, il est tout à fait légitime que nous nous demandions si le virus qui a tué au moins 6,8 millions de personnes jusqu'à présent n'aurait pas été accidentellement libéré d'un laboratoire de Wuhan. Le fait que ces questions soient même nécessaires témoigne des défaillances du système chinois et contraste avec la transparence dont ont fait preuve nos propres responsables de la santé publique pendant la pandémie. En raison du manque de transparence des systèmes autoritaires chinois, nous ne serons jamais absolument certains des origines du Covid-19 ou d'autres pandémies à l'avenir.

En ce qui concerne la Russie, nous sommes maintenant au cœur de l'invasion de l'Ukraine. La communauté du renseignement et beaucoup d'entre vous ont fait un travail incroyable en prédisant les plans de Poutine et en émettant des avertissements sur l'invasion, en déclassifiant et en partageant les renseignements en temps voulu. Je sais que, pour beaucoup d'entre vous, cela allait totalement à l'encontre de vos habitudes, mais cette déclassification en temps voulu a bouleversé les plans de la Russie et a empêché Poutine de remporter la partie. Ces dernières années, les Ukrainiens ont fait preuve de détermination, de bravoure et d'ingéniosité en défendant leur pays contre l'invasion impitoyable de la Russie. L'OTAN est plus unie que jamais et les démocraties du monde entier se sont mobilisées pour apporter à l'Ukraine une aide sans précédent en matière de formation, de partage de renseignements, d'aide humanitaire et d'équipements militaires modernes. J'espère que nous entendrons l'évaluation de la communauté du renseignement sur la trajectoire de ce conflit sanglant, et ce que nous pensons être la fin de la partie, tout en maintenant évidemment le droit de l'Ukraine à exister en tant que nation souveraine. Je suis sûr que nous discuterons de la multitude d'autres menaces, depuis les États voyous comme l'Iran et la Corée du Nord jusqu'aux nouvelles menaces sanitaires mondiales, en passant par la menace du réchauffement climatique et les menaces que représentent les incidents sanitaires anormaux (*Anomalous Health Incidents,* AHI) pour le personnel du SSCI. Toutes vos agences s'appuient sur les talents de classe mondiale de votre personnel et c'est pourquoi cette commission poursuivra ses efforts pour garantir la réforme des habilitations fédérales et de sécurité. Les défis auxquels nous sommes confrontés sont plus variés et plus dynamiques que jamais. Et il est clair que vous avez tous fort à faire. Mais nous avons aussi, lors de cette audition, en particulier pour la partie publique, l'occasion de souligner notre conviction, nos valeurs et nos efforts pour revigorer nos alliés dans le monde entier. Et d'être lucides sur les menaces que font peser des régimes autoritaires comme la Chine et la Russie. J'attends donc avec impatience la discussion d'aujourd'hui. Sur ce, je cède la parole au vice-président.

MARCO RUBIO (*Vice-président du SSCI. Républicain*)

Merci, Monsieur le Président. Je vous remercie tous d'être venus ici aujourd'hui. Vous savez, pendant les deux décennies qui ont suivi la fin de la guerre froide, notre pays, les États-Unis, a été la seule superpuissance du monde. Cela nous a donné le luxe d'espérer un monde dans lequel la Russie et la Chine convergeraient vers les valeurs du monde libre. Je pense que cela nous a également permis d'entretenir le fantasme selon lequel le libre-échange et la mondialisation de l'économie engendreraient la paix et la prospérité et empêcheraient les rivalités entre les États-nations. La brève période qui s'est écoulée entre la fin de la guerre froide et la période très récente a été une anomalie historique. En réalité, 500 ans de géopolitique ont été marqués par la concurrence entre grandes puissances. Et c'est là que nous nous trouvons à nouveau. Il est clair qu'il n'y aura pas de convergence des valeurs. Il est clair que la mondialisation a conduit à la montée en puissance de la Chine. Mais il est également clair que la désindustrialisation de l'Amérique a créé des chaînes d'approvisionnement longues et vulnérables qui ont érodé notre classe moyenne et laissé notre société profondément divisée selon des lignes socio-économiques. Nous nous trouvons aujourd'hui dans un monde nouveau, divisé entre les nations libres, toujours dirigées par l'Amérique, et un bloc autoritaire et tyrannique dirigé par Pékin, et des dizaines et des dizaines de pays en développement qui font pression sur les deux parties, l'une contre l'autre, sur chaque question, afin de conclure le meilleur accord possible pour eux-mêmes. Aujourd'hui, nous nous réunissons ici, comme nous le faisons une fois par an, pour discuter des menaces mondiales qui pèsent sur notre pays. Et ces menaces ne manquent pas : la Chine, la Russie, l'Iran, la Corée du Nord, le terrorisme mondial, les narcoterroristes qui opèrent à nos frontières et même sur notre territoire. Toutes ces menaces sont très sérieuses. Mais je pense que la plus grande menace à laquelle l'Amérique est confrontée n'est pas un autre pays. Il s'agit de savoir si nous avons ou non la capacité et la volonté d'évaluer avec précision et d'adapter comme il se doit nos politiques étrangères et intérieures en cette période de bouleversements technologiques, sociaux, économiques et géopolitiques historiques et révolutionnaires. La réponse à cette question ne va pas seulement déterminer la direction de notre pays. La réponse à cette question définira le XXIe siècle.

Et à cet égard, je pense que la communauté du renseignement a un rôle critique et vital à jouer. Tout d'abord, parce que les changements que nous devons opérer devront surmonter la complaisance, la résistance bureaucratique, l'opposition des groupes d'intérêt qui bénéficient du statu quo et le malaise du public face aux conséquences de certains des changements que nous devrons opérer. La complaisance parce que nous nous sommes reposés sur nos avantages en termes de pouvoir et que nous avons oublié ce que c'est que de vivre dans un monde où nous avons des concurrents proches. La résistance bureaucratique parce que notre gouvernement, la classe des commentateurs, les groupes de réflexion, le monde universitaire et, dans une certaine mesure, le Congrès, sont encore remplis de fonctionnaires qui ont grandi dans le fantasme de la « fin de l'histoire » (Fukuyama) de l'après-guerre froide.

L'opposition d'intérêts puissants parce que les multinationales qui dominent et ont consolidé certaines de nos industries les plus importantes sont profondément investies dans les chaînes d'approvisionnement étrangères et responsables de l'état actuel de l'économie mondiale. Et le malaise du public parce que nous sommes devenus une société dépendante des produits bon marché en provenance de Chine et des vidéos virales sur TikTok.

Nous ne pourrons surmonter tout cela que si nous parvenons à motiver les décideurs politiques et à convaincre nos concitoyens de la nécessité d'agir dans au moins cinq domaines distincts de concurrence et de conflit potentiel entre grandes puissances. Il s'agit d'une compétition militaire, dans laquelle nous ne pouvons plus compter sur des avantages écrasants pour obtenir des succès relativement rapides. Il s'agit d'une compétition diplomatique et politique pour l'influence et les institutions multilatérales, ainsi que pour le maintien d'alliances internationales importantes. Il s'agit d'une compétition économique et industrielle, portant sur les industries stratégiques, les chaînes d'approvisionnement, l'accès aux ressources et les flux de capitaux. Il s'agit d'une compétition scientifique et technologique, dans des domaines allant de la médecine de précision à l'intelligence artificielle, en passant par la cyberéconomie, l'informatique quantique, le contrôle des données personnelles et la protection de l'innovation et de la propriété intellectuelle. Il s'agit également d'une compétition informationnelle, impliquant des sociétés fermées et contrôlées qui s'efforcent d'utiliser notre ouverture pour nous diviser au niveau national, et pour diffuser de la désinformation afin d'alimenter leur discours et d'affaiblir notre position dans le monde.

Au XXIe siècle, fournir aux décideurs politiques des informations sur ces domaines de concurrence et comprendre comment ils se recoupent est une priorité nationale vitale et essentielle. Et seules nos agences de renseignement disposent des ressources et des connaissances nécessaires pour y parvenir. Aujourd'hui, le travail de renseignement ne consiste pas seulement à collecter des secrets d'État et à protéger les nôtres. Il s'agit aussi, et de plus en plus, de procéder à une analyse importante de la signification de tous ces facteurs connexes, afin que les décideurs politiques puissent déterminer ce qui est important et ce qui ne l'est pas, et donner la priorité à l'urgent par rapport à l'important. Se tromper à ce sujet est la plus grande menace qui pèse sur notre pays. Et la tâche la plus importante que nous ayons à accomplir, c'est de réussir à bien faire les choses. J'espère donc que nous pourrons entendre, dans ce cadre ouvert, comment chacune des agences représentées ici aujourd'hui s'adapte à ce défi historique, car nous n'avons tout simplement pas de temps à perdre. Je vous remercie, Monsieur le Président.

AVRIL HAINES (*Directrice du renseignement national. Démocrate*)

Au cours de l'année à venir, les États-Unis et leurs alliés seront confrontés à un environnement de sécurité internationale dominé par deux séries de défis stratégiques qui s'entrecroisent et dont les tendances actuelles intensifient les implications pour la sécurité nationale.

Premièrement, les grandes puissances, les puissances régionales montantes, et un éventail en constante évolution d'acteurs non étatiques, se disputent l'influence et l'impact dans le système international, y compris les normes et règles qui le façonneront pour les décennies à venir. Les prochaines années seront décisives, car la concurrence stratégique des États-Unis avec la Chine et la Russie s'intensifie, notamment concernant l'évolution du monde et la possibilité de freiner et d'inverser la montée de l'autoritarisme. D'autres menaces sont, bien entendu, également importantes à titre individuel. Mais la manière dont nous parviendrons à devancer et à gérer cette concurrence sera déterminante pour notre succès dans la gestion de tous les autres domaines.

Deuxièmement, les défis qui transcendent les frontières, notamment le réchauffement climatique, les besoins humains, sanitaires, sécuritaires et économiques, aggravés par l'insécurité énergétique et alimentaire, ainsi que l'invasion non légitime et non légale de l'Ukraine par la Russie, convergent alors que la planète émerge de la pandémie du Covid-19. Tout cela au moment même où les grandes puissances remettent en question les normes de coopération transnationale établies de longue date. L'impact des technologies émergentes sur la gouvernance, les affaires, la société et l'intelligence dans le monde entier ne fait que renforcer cette dynamique.

La Chine.– La République populaire de Chine, qui défie de plus en plus les États-Unis sur les plans économique, technologique, politique et militaire dans le monde entier, reste notre priorité absolue. Le Parti communiste chinois (PCC) dirigé par le président Xi Jinping poursuivra ses efforts pour réaliser la vision de M. Xi, à savoir faire de la Chine la puissance prééminente en Asie de l'Est et une puissance majeure sur la scène mondiale. Toutefois, le PCC est de plus en plus convaincu qu'il ne peut réaliser cette vision qu'au détriment de la puissance et de l'influence des États-Unis et en utilisant des outils coordonnés de l'ensemble du gouvernement pour démontrer sa force et contraindre ses voisins à approuver sa politique – y compris ses revendications terrestres, maritimes et aériennes dans la région et ses revendications de souveraineté sur Taïwan. En octobre dernier, le président Xi a obtenu un troisième mandat de cinq ans à la tête de la Chine lors du 20e congrès du Parti. À l'heure où nous nous rencontrons aujourd'hui, le corps législatif national de la Chine est en session pour nommer officiellement Xi Jinping et confirmer son choix de quitter le Conseil d'État de la RPC, ainsi que ses ministères et les dirigeants des branches militaire, législative et judiciaire. Après plus d'une décennie à la tête de la Chine, Xi Jinping contrôle les principaux leviers du pouvoir, ce qui lui confère un pouvoir et une influence considérables sur la plupart des questions. Xi Jinping s'est entouré de fidèles au sommet du comité permanent du parti (l'organe décisionnel le plus élevé de Chine) et nous estimons qu'au cours du troisième mandat de Xi Jinping ils tenteront ensemble de pousser Taïwan à l'unification, de réduire l'influence des États-Unis qu'ils perçoivent comme une menace, de creuser des fossés entre Washington et ses alliés et partenaires, et de promouvoir certaines normes qui favorisent le système autoritaire de la Chine. Vous avez peut-être entendu Xi Jinping critiquer récemment, lors de son discours de lundi, ce qu'il a appelé «la répression de la Chine par l'Amérique», ce qui reflète sa méfiance de longue date à l'égard des objectifs américains et sa conviction apparente que les États-Unis cherchent à «contenir la Chine». Le discours de Xi Jinping cette semaine est la critique la plus publique et la plus directe que nous ayons vue de sa part à ce jour et reflète probablement le pessimisme croissant de Pékin concernant les relations entre la Chine et les États-Unis, ainsi que les inquiétudes croissantes de Xi Jinping concernant la trajectoire du développement économique intérieur de la Chine et la technologie indigène — des défis en matière d'innovation qu'il impute désormais aux États-Unis. Il souhaite également faire savoir à sa population et aux acteurs régionaux que les États-Unis sont responsables de toute augmentation des tensions à venir.

Malgré cette rhétorique plus publique et plus directement critique, nous estimons que Pékin continue de penser qu'il a tout à gagner à éviter une spirale de tensions et à préserver la stabilité de ses relations avec les États-Unis. Plus précisément, Pékin veut préserver la stabilité en Asie de l'Est, éviter de déclencher des sanctions économiques supplémentaires de la part des États-Unis et de ses partenaires, et afficher une relation stable avec les États-Unis afin d'éviter des revers dans ses autres relations à travers le monde, tout en signalant son opposition aux provocations américaines, y compris l'abattage du ballon de la RPC. Il souhaite une période de calme relatif pour donner à la Chine le temps et la stabilité dont elle a besoin pour faire face aux difficultés intérieures croissantes. Le principal objectif de Xi Jinping est le développement économique national, qui n'est pas assuré. En fait, la communauté du renseignement estime que la croissance économique à long terme de la Chine continuera à ralentir parce que l'ère de la croissance de rattrapage rapide de la Chine est en train de se terminer et que des problèmes structurels tels que la dette nationale, la démographie, l'inégalité, la dépendance excessive à l'égard de l'investissement et la baisse de la consommation subsistent. Bien que le PCC puisse trouver des moyens de surmonter ces défis structurels à long terme, il continue d'adopter une approche de plus en plus agressive en matière d'affaires extérieures : il poursuit son objectif de construire une armée de classe mondiale, développe son arsenal nucléaire, cherche à se doter d'armes de guerre spatiale capables de cibler les satellites américains et alliés, force les entreprises étrangères et les pays étrangers à autoriser le transfert de technologie et de propriété intellectuelle afin de renforcer ses capacités nationales, continue à accroître la dépendance de la chaîne d'approvisionnement mondiale à l'égard de la Chine dans le but d'utiliser ces technologies et dépendances pour menacer et isoler les pays étrangers en cas de crise, étend les poursuites cybernétiques et accroît la menace d'opérations cybernétiques contre le territoire américain et les partenaires étrangers, et étend les opérations d'influence, notamment par l'exportation de technologies de répression numérique. Le PCC cherchera également à remodeler la gouvernance mondiale en fonction de ses préférences et des normes de gouvernance qui soutiennent son monopole du pouvoir en Chine. Pékin met en avant les candidats et les politiques de la RPC à l'ONU pour tenter d'obtenir l'adhésion au développement et aux initiatives de Xi Jinping, constitue des blocs tels que l'Organisation de coopération de Shanghai pour faire contrepoids à l'Occident, et façonne des groupements multilatéraux tels que l'ancien forum 17+1 en Europe de l'Est, mais avec un succès mitigé. En bref, le PCC représente à la fois la principale menace et la plus lourde de conséquences pour la sécurité nationale et le leadership des États-Unis dans le monde, et ses ambitions et capacités spécifiques en matière de renseignement en font pour nous notre rival le plus sérieux et le plus notoire dans le domaine du renseignement.

La Russie. – Au cours de l'année écoulée, la menace de la Chine a été compliquée par une collaboration de plus en plus étroite avec la Russie, sur laquelle la communauté du renseignement concentre évidemment son attention. Nous étions ici pour notre audition l'année dernière, quelques semaines seulement après l'invasion illégale et illégitime de l'Ukraine par la Russie. Aujourd'hui, nous sommes plus d'un an après le début de cette guerre qui redéfinit non seulement les relations mondiales et la position stratégique de la Russie, mais aussi les nôtres, en renforçant nos alliances et nos partenariats d'une manière que le président Poutine n'avait certainement pas prévue, et qui a souvent précipité les événements qu'il essayait d'éviter, comme la demande d'adhésion de la Suède et de la Finlande à l'OTAN. Sur le champ de bataille, on assiste actuellement à une guerre d'usure dans laquelle aucune des parties ne dispose d'un avantage militaire définitif et où les combats quotidiens se déroulent sur des centaines de mètres, principalement à Donetsk, alors que la Russie tente de s'emparer du reste de l'oblast. Les Russes progressent sur Bakhmout, qui n'est pas un objectif particulièrement stratégique, mais sont par ailleurs confrontés à des contraintes considérables, notamment des pénuries de personnel et de munitions, des dysfonctionnements au sein du commandement militaire, l'épuisement ainsi que des problèmes de moral. Même si l'offensive russe se poursuit, le nombre de victimes est déjà élevé. Poutine comprend probablement mieux les limites de ce que son armée est capable de réaliser, et semble se concentrer sur des objectifs militaires plus modestes pour l'instant. Les contrôles et les sanctions à l'exportation entravent l'effort de guerre de la Russie, notamment en limitant l'accès aux composants étrangers nécessaires à la production de systèmes d'armes. Et si la Russie ne lance pas une campagne de mobilisation obligatoire et d'importants approvisionnements en munitions de tiers, il lui sera de plus en plus difficile de maintenir ne serait-ce que le niveau actuel d'opérations offensives dans les mois à venir et, par conséquent, elle pourrait se consacrer entièrement au maintien et à la défense des territoires qu'elle occupe aujourd'hui. En bref, nous ne prévoyons pas que l'armée russe se rétablisse suffisamment cette année pour réaliser des gains territoriaux majeurs, mais Poutine calcule très probablement que le temps joue en sa faveur et que la prolongation de la guerre, y compris avec des pauses potentielles dans les combats, est peut-être le meilleur moyen qui lui reste de garantir les intérêts stratégiques russes en Ukraine, même si cela doit prendre des années.

Bien entendu, l'Ukraine est également confrontée à des défis. Les perspectives de succès de l'Ukraine dans une grande offensive de printemps dépendront probablement d'un certain nombre de facteurs. À l'heure actuelle, les forces armées ukrainiennes restent engagées dans une lutte pour se défendre contre les offensives russes dans l'est de l'Ukraine. Si ces assauts russes sont coûteux pour la Russie, la mesure dans laquelle les forces ukrainiennes doivent puiser dans leurs réserves et leur équipement et subir de nouvelles pertes influera probablement sur la capacité de l'Ukraine à passer à l'offensive à la fin du printemps.

La communauté du renseignement continue de surveiller les réactions de Poutine et ses coups de sabre nucléaires. Nos analystes estiment que son attitude actuelle vise à dissuader l'Occident d'apporter un soutien supplémentaire à l'Ukraine, alors qu'il craint une nouvelle escalade du conflit. Il reste probablement persuadé que la Russie peut finalement vaincre militairement l'Ukraine et veut éviter que le soutien de l'Occident ne fasse pencher la balance et n'entraîne un conflit avec l'OTAN.

Bien entendu, le bilan humain du conflit, déjà considérable, ne fait que s'alourdir. Outre les dizaines de milliers de victimes parmi les armées russe et ukrainienne, plus de 8 millions de personnes ont été contraintes de fuir l'Ukraine depuis l'invasion russe. De nombreux rapports font état d'atrocités commises par les forces russes, notamment des frappes délibérées contre des cibles non militaires, telles que la population civile et les infrastructures civiles, en particulier les installations énergétiques et le réseau électrique. La Russie et ses groupes mandataires ont très certainement recours à ce que l'on appelle des «opérations de filtrage» pour arrêter et déporter de force des dizaines, voire des milliers de civils ukrainiens vers la Russie. La Commission de l'information collabore avec d'autres services du gouvernement américain pour documenter et tenir la Russie et les acteurs russes responsables de leurs actions. La réaction des pays du monde entier à l'invasion a été sévère, ce qui a nui à la réputation de la Russie et suscité des critiques dans le pays. Moscou a subi des pertes qui nécessiteront des années de reconstruction et la rendront moins apte à représenter une menace militaire conventionnelle pour l'Europe et à opérer avec assurance en Eurasie et sur la scène mondiale. En conséquence, la Russie deviendra encore plus dépendante des options asymétriques, telles que les capacités nucléaires dans le cyberespace, et de la Chine.

L'Iran. – L'Iran poursuit ses ambitions de longue date en matière de leadership régional et constitue une menace pour les ressortissants américains, par le biais d'attaques directes ou indirectes. L'Iran reste également une menace pour Israël, à la fois directement par ses missiles et drones, et indirectement par son soutien au Hezbollah libanais et à d'autres mandataires. Plus préoccupant encore, l'Iran a accéléré l'expansion de son programme nucléaire, déclarant qu'il n'est plus contraint par les limites du JCPOA[1], et a entrepris des activités de recherche et de développement qui le rapprocheraient de la production des matières fissiles nécessaires à l'aboutissement d'un engin nucléaire s'il en prenait la décision.

La Corée du Nord. – De même, la Corée du Nord reste un sujet de préoccupation en matière de prolifération nucléaire. Elle poursuit ses efforts militaires afin d'étendre et de renforcer ses capacités nucléaires et conventionnelles visant les États-Unis et nos alliés. Elle recourt périodiquement à des actions agressives et potentiellement déstabilisatrices pour remodeler l'environnement de sécurité régional en sa faveur et pour renforcer son statut de puissance nucléaire *de facto*.

Les défis transnationaux. – Comme je l'ai indiqué au début de mon intervention, les défis transnationaux interagissent dans un système complexe avec les menaces plus traditionnelles et se renforcent souvent les uns les autres, créant des risques cumulés et en cascade pour la sécurité nationale des États-Unis. Par exemple, le réchauffement climatique

1. Le JCPOA est un accord conclu en 2015 entre l'Iran, les membres du P5+1 et l'Union européenne limitant le programme nucléaire iranien et permettant des inspections internationales en échange de la levée de certaines sanctions économiques. Les États-Unis se sont retirés de cet accord en 2018.

reste une menace urgente qui exacerbera de plus en plus les risques pour notre sécurité à mesure que les impacts physiques augmenteront et que les tensions géopolitiques s'accroîtront à mesure que la réponse internationale à ce défi sera discutée.

La pandémie du Covid-19, qui entre dans sa quatrième année, reste l'une des menaces les plus importantes pour la santé publique mondiale, avec un coût de plus de 6,5 millions de vies et des pertes de production économique se chiffrant en billions de dollars. Outre les effets directs de la pandémie sur l'économie, la sécurité humaine, la politique et la sécurité nationale, les conséquences du Covid-19 ont continué à peser sur les efforts de redressement, présentant à la fois des défis connus et imprévus qui se répercuteront probablement sur les sociétés et l'économie mondiale dans les années à venir.

L'agression de la Russie contre l'Ukraine a aggravé les fragilités liées au Covid-19 dans l'économie mondiale, la hausse des prix des produits de base a alimenté la volatilité des marchés et a contribué à l'insécurité alimentaire et à l'instabilité financière. La combinaison des prix élevés de l'énergie et des denrées alimentaires a augmenté le nombre de personnes confrontées à l'extrême pauvreté et à l'insécurité alimentaire. Les pays touchés auront du mal à inverser ces tendances en 2023, même si les prix alimentaires mondiaux se stabilisent. La guerre de la Russie en Ukraine peut être tenue pour responsable de l'intensification de ces effets. C'est une chose qu'une grande partie du monde comprend également et que d'autres, y compris la Chine, devront accepter lorsqu'ils se demanderont dans quelle mesure ils veulent continuer à aider la Russie – ou à lui donner les moyens d'agir.

Les nouvelles technologies. – Les nouvelles technologies, en particulier dans le domaine de l'intelligence artificielle et des biotechnologies, se développent et prolifèrent plus rapidement que les entreprises et les gouvernements ne sont en mesure d'élaborer des normes régissant leur utilisation, protégeant la vie privée et prévenant leurs potentielles conséquences dangereuses. La convergence des technologies émergentes est susceptible de créer des percées imprévues et qui risquent d'entraîner le développement rapide de nouvelles menaces asymétriques interconnectées, ce qui pourrait compromettre les intérêts des États-Unis. De plus, l'utilisation malveillante des technologies numériques de l'information et de la communication par les États étrangers deviendra plus omniprésente, automatisée, ciblée, et complexe au cours des prochaines années, menaçant de déformer les informations accessibles au public. Elles risquent de surpasser les efforts déployés pour protéger les libertés numériques et pour éduquer le public sur la manière de distinguer les faits de la propagande. Les gouvernements autoritaires sont généralement les principaux responsables de la répression numérique, alors que les démocraties, dotées d'un environnement d'information ouvert, sont les plus vulnérables à cette répression.

QUESTIONS ET RÉPONSES DES SÉNATEURS

LA NATURE CHANGEANTE DE LA SÉCURITÉ NATIONALE : TECHNOLOGIE

MARK ROBERT WARNER

Je vais prendre mon temps et revenir à la question, la nature changeante de la sécurité nationale. J'ai dit que la sécurité nationale est différente aujourd'hui de ce qu'elle était en 1993 ou en 2003. À cette époque, peut-être relativement plus simple, nous considérions nos adversaires en fonction du nombre de chars, d'avions et d'armes qu'ils pouvaient avoir. De plus en plus, je crois, et je pense que la grande majorité d'entre nous au sein de cette commission en est convaincue, la compétition se joue sur la question de savoir qui dominera les différents domaines technologiques. Avant la séance d'aujourd'hui, j'ai évoqué avec le général Nakasone la manière dont le président Burr[1] et moi-même avons essayé de faire valoir que Huawei représentait une menace pour la sécurité nationale des fournisseurs de télécommunications américains et d'autres. Il nous a fallu des années pour défendre ce point de vue et

1. Richard Burr : sénateur républicain, ancien président de la commission du renseignement.

nous nous remettons encore de cette activité. Plus récemment, le sénateur Cornyn et moi-même, ainsi que d'autres membres de cette commission, avons reconnu que nous avions pris beaucoup de retard dans la recherche, le développement et la fabrication de puces semi-conductrices, et ce de manière largement bipartisane. Le Congrès a réagi à cela. La grande majorité d'entre nous au sein de cette commission, bien que nous ayons des approches différentes, pense que l'utilisation croissante par les Chinois d'applications mobiles telles que TikTok représente une menace pour la sécurité nationale, à la fois en termes de collecte de données et en termes d'outil de propagande potentiellement énorme. J'aimerais savoir, et nous commencerons peut-être par le directeur Wray, si vous partagez mon avis selon lequel la sécurité nationale doit être redéfinie en 2023, pour reconnaître que la maîtrise de domaines technologiques qui, à première vue, ne semblent pas avoir de rapport avec la sécurité nationale (l'intelligence artificielle, la biotechnologie, l'informatique quantique, qui gagne le défi de l'énergie avancée), sont aussi des questions de sécurité nationale, et si nous devons mieux convaincre le public et certains membres de la communauté des affaires. (Nous avons fait des progrès dans le domaine de la communauté des affaires.) Mais nombre d'entreprises sont encore inexorablement liées à une chaîne d'approvisionnement mondiale qui repose sur des produits chinois bon marché. Comment faire valoir ce point de vue, en commençant par accepter que la sécurité nationale doit inclure les gagnants de chacun de ces domaines technologiques ?

CHRISTOPHER WRAY (*Directeur du FBI. Républicain*)

Monsieur le Président, je suis tout à fait d'accord pour dire que la technologie et la sécurité économique sont devenues inextricablement liées à la sécurité nationale. Je pense que les efforts déployés par cette commission et par nombre d'entre nous, au sein de la communauté du renseignement, pour impliquer le secteur privé sont essentiels à cet égard. Et nous devons continuer à redoubler d'efforts dans ce sens. Il suffit de constater, par exemple, que la cybernétique, notre infrastructure stratégique, qui en représente 85 %, est entre les mains du secteur privé. Et si vous regardez notre innovation, si vous regardez nos PII (ou informations personnelles identifiables), le pourcentage est encore plus élevé. Et si vous observez ce que les Chinois essaient de voler, c'est là qu'ils se trouvent. Nous devons donc collaborer de plus en plus étroitement avec les entreprises pour tenter de renforcer leur résilience. Je pense que de nombreux progrès ont été réalisés. Mais nous devons en faire plus.

PAUL NAKASONE (*Directeur de l'Agence nationale de sécurité*)

Monsieur le Président, je suis tout à fait d'accord avec la déclaration concernant la nature changeante du pouvoir. Et je pense que c'est là que l'Agence nationale de sécurité se trouve, comme toujours, et qu'elle est capable d'être câblée pour rechercher la prochaine technologie que nous devrions poursuivre. En étant capable de tirer parti d'une main-d'œuvre très, très fortement formée dans les domaines de la science, de la technologie, de l'ingénierie et des mathématiques. Mais je pense que ce que j'ai appris au cours des dernières années, c'est que tout est question de partenariats. Ce sont les partenariats que nous avons ici au sein de la communauté du renseignement, ce sont les partenariats avec le secteur public, ce sont les partenariats que nous devons développer qui nous donneront l'avantage concurrentiel face à ce nouveau changement de caractère.

AVRIL HAINES

Oui, je suis tout à fait d'accord avec mes collègues. Et je pense que l'une des choses que nous avons apprises au sein de la communauté du renseignement, c'est que notre travail avec le secteur privé dans ce domaine est particulièrement important, comme l'a indiqué le général Nakasone. Comme vous le savez, au cours de ma vie, j'ai vu de plus en plus d'innovations en matière de technologies fondamentales stratégiques se produire dans le contexte du secteur privé – avec lequel nous travaillons bien – pour comprendre quelles sont ces innovations essentielles et comment nous pouvons les protéger. C'est un autre aspect sur lequel il faut se concentrer et auquel nous consacrons beaucoup de temps.

WILLIAM BURNS (*Directeur de la CIA. Parti indépendant*)

Monsieur le Président, je suis tout à fait d'accord, je pense que la révolution technologique n'est pas seulement le principal domaine de concurrence avec la République populaire de Chine, c'est aussi le principal déterminant de notre avenir en tant que service de renseignement. Comme vous le savez, nous avons entrepris un certain nombre d'innovations au cours des deux dernières années afin de renforcer notre capacité en matière de révolution et de technologie : pour la première fois, nous avons nommé un directeur de la technologie, pour la première fois, nous avons établi une stratégie technologique à l'échelle de la CIA, nous avons créé un nouveau centre de mission axé principalement sur la technologie et, comme mes collègues l'ont souligné, nous avons établi de meilleurs partenariats, des partenariats plus solides avec le secteur privé, ainsi qu'avec le monde universitaire, en créant un programme de bourses technologiques, car nous devons être plus flexibles dans nos pratiques d'emploi pour attirer des personnes qui se sont distinguées dans le secteur privé et dans le secteur technologique, et qui pourraient être intéressées par quelques années de service public également. Nous souhaitons vivement attirer ce type de personnes. Enfin, je suis tout à fait d'accord sur l'importance des partenariats, non seulement au sein de la Communauté du renseignement, mais aussi avec d'autres membres du pouvoir exécutif. Comme vous le savez, nous travaillons en étroite collaboration avec le ministère du Commerce et son bureau chargé de la mise en œuvre de la loi sur les puces (*Chips Act*), afin de fournir le type de soutien direct qui me semble essentiel à cet effort.

SCOTT D. BERRIER (*Directeur de l'Agence de renseignement de la Défense*)

Président, je suis tout à fait d'accord avec cette déclaration. Vous êtes remonté à 1993. Je vais remonter à 1984. Lorsque je suis entré dans l'armée en 1984, nous possédions la technologie, l'Occident possédait la technologie. Nous avions gagné la guerre froide. Et puis je pense que nous avons perdu de vue cette question. Il s'agit maintenant de savoir comment appliquer cet avantage asymétrique que nous avons dans ces partenariats. Comme les autres agences, la DIA a embauché les bonnes personnes au bon moment pour se lancer dans ce domaine, pour essayer de le comprendre et d'avoir un impact pour le département de la Défense.

MARK ROBERT WARNER

Mon commentaire final est que cela signifie que nous devrons peut-être réorienter certaines ressources. Je veux dire que l'idée de l'extraction du cobalt de la RDC par la Chine et la façon dont elle va le ramener en Chine devient une question de sécurité nationale. La question de l'occupation invasive par la Chine de la zone des organismes de normalisation pour définir les prochaines règles technologiques pour la 5G ou les ORAN (réseaux ouverts d'accès radio) et la prochaine génération de sans-fil est une préoccupation de sécurité nationale. La question de savoir qui est à la pointe de l'innovation en matière de biotechnologie devient une préoccupation de sécurité nationale. Je pense que nous devons nous assurer que nous rendons compte de ces questions et que nous impliquons nos partenaires du secteur privé. Je suis d'accord avec le sénateur Rubio :

trop d'entreprises croient encore que ces collaborations en Chine sont bénignes, même si elles ferment les yeux sur les quantités littéralement sans précédent de vols concernant la propriété intellectuelle, trop souvent parce qu'elles gagnent beaucoup d'argent en investissant dans les technologies chinoises. Certaines choses ont changé. Mais il s'agit d'un défi permanent.

TIKTOK

MARCO RUBIO

Je vous remercie. Je vais commencer par vous, directeur Wray, je suis sûr que vous connaissez ce sujet : l'une des applications les plus téléchargées dans le monde des médias sociaux est TikTok. Le gouvernement chinois, parce qu'il possède ByteDance (qui détient ByteDance US), pourrait-il, s'il le voulait et si ByteDance US était prêt à coopérer ou forcé à coopérer, utiliser TikTok pour contrôler les données de millions d'utilisateurs ?

CHRISTOPHER WRAY

Oui.

MARCO RUBIO

Pourraient-ils l'utiliser pour contrôler le logiciel de millions d'appareils s'ils en avaient la possibilité ?

CHRISTOPHER WRAY

Oui.

MARCO RUBIO

Pourraient-ils l'utiliser pour alimenter des récits, comme diviser les Américains les uns contre les autres ? Par exemple, si la Chine veut envahir Taïwan, s'assurer que les Américains voient des vidéos expliquant pourquoi Taïwan appartient à la Chine et pourquoi les États-Unis ne devraient pas intervenir?

CHRISTOPHER WRAY

Oui. Et je voudrais insister sur ce dernier point. En particulier, nous ne sommes pas sûrs que nous verrions les signes extérieurs d'une telle intervention si elle avait lieu. Et je pense que l'élément le plus fondamental qui recoupe chacun de ces risques et menaces que vous avez mentionnés et que les Américains doivent comprendre, c'est que quelque chose de très sacré dans notre pays, la différence entre le secteur privé et le secteur public, est une ligne qui n'existe pas dans la manière dont fonctionne le PCC.

MARCO RUBIO

Pensez-vous qu'il soit utile d'étudier le fonctionnement de TikTok en Chine par rapport aux États-Unis? Par exemple, aux États-Unis, les enfants sont encouragés à «s'étouffer». En Chine, les enfants sont encouragés à se concentrer sur les mathématiques et les sciences et à construire le pays. Est-ce un exemple de deux versions différentes de TikTok, l'une alimentant, dans notre société, le poison et l'autre inculquant des valeurs positives? Un exemple de la façon dont TikTok pourrait potentiellement ou réellement être utilisé pour nuire à notre pays?

CHRISTOPHER WRAY

Je pense qu'il s'agit là d'un des nombreux indicateurs révélateurs que nous devrions examiner et évaluer les problèmes de sécurité nationale posés.

MARCO RUBIO

Ils peuvent donc collecter nos données, manipuler l'information, empoisonner les esprits et introduire des idioties dans l'esprit de millions de personnes, etc. Compte tenu de la menace que j'ai imaginée, c'est la raison pour laquelle TikTok ne sera bientôt plus autorisé sur les appareils fédéraux. Aucun appareil fédéral ne peut contenir TikTok, n'est-ce pas ?

CHRISTOPHER WRAY

En tout cas, pour le FBI, TikTok n'a jamais été approuvé et ne le sera jamais. Et je crois savoir que c'est sur le point d'être mis en place dans l'ensemble du gouvernement fédéral.

MARCO RUBIO

Donc, compte tenu du poids de tout cela, est-ce que quelqu'un dans le panel n'est pas d'accord avec le fait que TikTok n'est pas une bonne chose pour l'Amérique ?

(Personne ne répond.)

Si personne n'en disconvient, ma question est la suivante : si TikTok est mauvais pour l'Amérique, et que nous avons parlé de tous ses inconvénients et des dommages potentiels qu'il cause, le fait qu'il soit populaire parmi les personnes de moins de 35 ans devrait-il être la raison pour laquelle nous ne prenons pas de mesures contre lui ?

CHRISTOPHER WRAY

Pas de mon point de vue.

MARCO RUBIO

C'est ce que le secrétaire au Commerce a dit, vous savez, que potentiellement, nous voulons faire quelque chose à ce sujet qui dérangerait les personnes de moins de 35 ans. Ce que je veux dire, pour résumer, est qu'il s'agit d'une menace substantielle pour la sécurité nationale du pays, d'un genre auquel nous n'avons pas été confrontés dans le passé. Il ne s'agit pas d'un homme adulte qui, en plein milieu de la journée, met en ligne des vidéos que les gens qui ont un emploi ne devraient pas mettre en ligne. Mais il s'agit aussi de toutes ces autres choses dont nous avons parlé : les données, la capacité à manipuler l'information, etc. J'imagine que s'il s'agit probablement de l'un des outils de surveillance les plus aboutis de la planète, je veux dire que si nous décidions de construire quelque chose comme ça, pour influencer ou espionner une autre société, je ne suis pas sûr que nous pourrions le faire ou le faire mieux. Nous les avons invités à entrer et nous les avons protégés par nos lois. Je ne comprends donc pas pourquoi cette société est autorisée à opérer tant qu'elle est détenue par une compagnie chinoise. J'ai cru comprendre, et peut-être que le directeur Wray pourra clarifier ce point, mais je pense que c'est le cas : selon la loi chinoise, toute entreprise en Chine à qui le gouvernement chinois dit « donnez-moi tout ce que vous avez » n'a pas d'autre choix que de le lui donner, sinon quelqu'un d'autre s'en chargera ?

CHRISTOPHER WRAY

C'est exact.

LES ORIGINES DU COVID

MARCO RUBIO

[...] Je voudrais parler un peu du Covid et de la pandémie. Voici ce que nous savons sur le Covid. Il a vu le jour dans la ville de Wuhan, où l'Institut de virologie de Wuhan (dont le bilan en matière de sécurité est discutable) mène des expériences visant à rendre infectieux chez l'homme des virus qui ne le sont pas. Ces expériences ont pour but de mettre au point un vaccin. Ils sont situés dans cette ville. Le Centre de prévention et de contrôle des maladies chinois est également situé dans cette ville. Deuxièmement, contrairement au SRAS, les Chinois n'ont pas été en mesure jusqu'à présent, à moins que cela ne se soit produit au cours de la dernière heure, de dire « voici la chauve-souris », « voici le pangolin », « voici l'animal d'où provient le virus». Troisièmement, il existe des preuves, à la fois dans les sources ouvertes et dans les discussions, que les Chinois n'ont pas été pour le moins ouverts à ce sujet. En fait, il y a des indications très claires qu'ils ont fait tout ce qui était en leur pouvoir pour entraver toute enquête internationale sur la façon dont cela a commencé ou pour partager ces informations. Il y a beaucoup de preuves circonstancielles qui s'additionnent, et je crois que c'est la raison pour laquelle le FBI a conclu à cette origine du Covid?

CHRISTOPHER WRAY

Monsieur le Vice-Président, comme le sait la commission, le FBI a longtemps estimé, depuis l'été 2021, que l'origine de la pandémie était probablement un incident de laboratoire à Wuhan.

MARCO RUBIO

Donc, directeur Haines, je sais qu'il y a une divergence d'opinion entre les différentes agences à propos de cette évaluation. Qu'est-ce qui empêche les autres agences de parvenir à la même évaluation? S'agit-il essentiellement de l'absence d'une preuve irréfutable? Sommes-nous incapables de dire que nous pensons que l'origine du laboratoire est le résultat probable, à moins que l'on puisse fournir une preuve irréfutable que c'est ce qui s'est passé?

AVRIL HAINES

Merci, Monsieur. Vous avez donc raison. Fondamentalement, les services de renseignement s'accordent à dire que l'épidémie n'est pas le résultat d'une arme biologique ou d'une manipulation génétique. Ce qui ne fait pas consensus, c'est de savoir s'il s'agit d'une fuite de laboratoire, comme l'a indiqué le directeur Wray, ou d'une exposition naturelle à un animal infecté. Telles sont les deux théories. Ce qui changerait essentiellement les perspectives, ce sont des informations supplémentaires. Nous avons essayé de recueillir des informations supplémentaires. Et je pense que vous avez tout à fait raison de dire que la Chine n'a pas pleinement coopéré. Et nous pensons qu'il s'agit là d'une lacune essentielle. Cela nous aiderait à comprendre ce qui s'est exactement passé.

MARCO RUBIO

Mon temps de parole est écoulé, Monsieur le Président. Je voudrais juste souligner qu'il est vrai que nous n'avons pas de preuve irréfutable de l'existence d'un accident de laboratoire. Nous n'avons pas non plus de preuve irréfutable qu'il s'agissait d'un événement naturel, ce qui est le plus facile à prouver pour eux : venez, donnez une conférence de presse, montrez-nous la chauve-souris ou le pangolin, peu importe ce qu'est un pangolin, et montrez-nous que c'est lui et que le virus provient de cet animal. En effet, le virus n'aurait pas été trouvé chez un seul animal, il aurait été assez répandu. C'est la chose la plus facile à faire pour les Chinois et ils ne l'ont pas faite. Je pense qu'il s'agit là d'une bonne raison de penser que la maladie n'est pas d'origine naturelle, car ils l'ont fait pour les autres pandémies. Je vous remercie.

L'AFGHANISTAN

SUSAN COLLINS (*Républicaine*)

Lors du retrait précipité de l'administration d'Afghanistan à une date arbitraire, des milliards de dollars de matériel militaire ont été laissés sur place, notamment des munitions, 16 000 paires de lunettes de vision nocturne, 167 avions, du matériel de communication, 2 000 véhicules, et la liste n'est pas exhaustive. Ce qui me préoccupe, c'est que tout ce matériel militaire pourrait servir à lancer une attaque terroriste contre les États-Unis ou l'un de nos alliés. Compte tenu du chaos persistant en Afghanistan et de la présence de groupes terroristes qui veulent nuire aux États-Unis et qui n'ont jamais caché leur intention de s'en prendre à nous ou à nos alliés, quelle est l'évaluation de la communauté du renseignement sur la menace anti-terroriste qui pèse sur le territoire des États-Unis et sur nos alliés, en particulier une menace lancée à partir de l'Afghanistan ?

SCOTT D. BARRIER

Sénatrice Collins, je vous remercie pour cette question. De notre point de vue, à l'Agence du renseignement de la Défense, il est certain que notre influence et notre emprise sur ce pays depuis la chute du gouvernement se sont érodées au fil du temps, mais nous avons toujours un certain accès. Et je dirais, sur la base de ce que nous savons actuellement de la menace d'Al-Qaïda, qu'ils essaient de survivre fondamentalement sans véritable plan d'attaque de l'Occident dans un avenir proche. Je dirais que Daech représente une menace un peu plus grande, mais qu'il est actuellement attaqué par le régime taliban. Et ce n'est qu'une question de temps avant qu'il n'ait la capacité et l'intention d'attaquer l'Occident à ce stade.

GROUPE WAGNER

MARTIN HEINRICH (*Démocrate*)

Directeur Burns, la loi américaine stipule que « pour être désigné comme organisation terroriste étrangère, un groupe doit être engagé dans des actes de violence prémédités et politiquement motivés contre des cibles non combattantes, et l'activité doit menacer la sécurité nationale des États-Unis ». À mon avis, et de l'avis d'un certain nombre de personnes, le groupe Wagner correspond à cette définition. Wagner opère désormais ouvertement en tant que militaire privé pour Vladimir Poutine, menant des opérations terroristes en Ukraine et dans des pays d'Afrique. Monsieur le Directeur, j'ai compris que la responsabilité de désigner les organisations terroristes étrangères incombe au secrétaire d'État. Mais j'aimerais connaître votre évaluation des activités du groupe Wagner, savoir si vous qualifieriez les atrocités commises par ses mercenaires de terrorisme, et si vous pensez qu'il y a un inconvénient à procéder à une telle désignation.

WILLIAM BURNS

Merci, Monsieur le Sénateur. Comme vous l'avez souligné à juste titre, je m'écarterai de la question politique. Mais il est certain que notre évaluation est que le groupe Wagner est une organisation vicieuse et agressive, qui constitue une menace pour le peuple ukrainien, mais pas uniquement. Nous le constatons tous les jours, en particulier dans les combats intenses qui se déroulent actuellement autour de la ville de Bakhmout, menés en grande partie du côté russe par le groupe Wagner, qui subit des pertes incroyables. Mais je l'ai également constaté, comme nous en avons discuté plus tôt, lors de mes propres voyages en Afrique de l'Ouest et au Sahel, où je pense que l'impact profondément déstabilisant de Wagner peut être observé dans de nombreuses sociétés très fragiles. En tant qu'agence, nous travaillons avec nos partenaires pour aider beaucoup de ces gouvernements et beaucoup de nos services de sécurité partenaires à résister à cela. Nous travaillons avec la France et d'autres pays, d'autres alliés, dans cet effort également. Mais nous prenons très au sérieux la menace posée par Wagner et nous faisons tout ce qui est en notre pouvoir pour la contrer et la perturber.

SÉCURITÉ ÉCOLOGIQUE ET CONFLIT DE PÊCHE HOSTILE DE LA CHINE

MARTIN HEINRICH

Directeur Haines, comme vous le savez, j'ai déjà partagé avec vous un rapport du laboratoire des risques convergents, intitulé *La menace sécuritaire qui nous lie* (*The security threat that binds us*), qui souligne, entre autres, la nécessité d'élever la sécurité écologique au rang de priorité dans l'élaboration de la politique de sécurité nationale des États-Unis. L'un des exemples les plus détaillés est celui des activités de pêche agressives de la Chine et de la manière dont elles ont contribué à la surpêche plus que n'importe quel autre pays. Cela a conduit à des conflits de plus en plus hostiles entre la Chine et ses voisins, ainsi que le long des côtes d'Afrique et d'Amérique latine, menaçant la sécurité alimentaire et la souveraineté économique. Selon les auteurs du rapport, la communauté du renseignement doit disposer d'une plus grande capacité d'analyse des effets négatifs des activités de pêche illégales, ainsi que de toute une série d'autres causes de perturbation écologique. Elle doit également augmenter l'importance relative jusqu'ici des questions de sécurité écologique dans le cadre de l'établissement de ses priorités. Avez-vous eu l'occasion de vous pencher sur cette question ? Pouvez-vous vous engager à travailler avec moi pour tenter de mettre en œuvre certaines des recommandations contenues dans ce rapport ?

AVRIL HAINES

Oui, absolument, Sénateur. J'ai lu le rapport. Je l'ai trouvé excellent. Nous l'avons remis à notre responsable national du renseignement pour les questions climatiques et mondiales, qui se concentre sur ces questions. Je pense que l'une des choses qu'il dit, et qui va dans le sens de ce que vous venez d'indiquer, c'est qu'il ne s'agit pas seulement de recruter davantage d'analystes, mais aussi d'établir des priorités, de veiller à ce que nous ayons accès aux personnes extérieures. Et je pense que c'est quelque chose que nous essayons de faire, en d'autres termes, obtenir l'expertise à la fois de la communauté scientifique fédérale et travailler avec elle, mais aussi avec les communautés universitaires, et aussi avec les partenaires qui ont accès aux ressources universitaires et autres sur ces questions. Je m'engage absolument à travailler avec vous sur cette question et je partage votre inquiétude concernant la pêche illégale non réglementée pratiquée par les Chinois dans diverses régions où nous les avons vus s'approprier des ressources.

L'EFFET DE LEVIER DE LA CHINE SUR LES CHAÎNES D'APPROVISIONNEMENT

MARTIN HEINRICH

Merci. Monsieur le Directeur général Nakasone, je voudrais vous poser une dernière question rapide avant que mon temps de parole ne soit écoulé. Elle concerne les chaînes d'approvisionnement, dont nous entendons parler beaucoup plus souvent en ce moment pour des raisons appropriées. L'estimation 2021 des Renseignements nationaux sur le changement climatique (*National Intelligence Estimate on Climate Change*) indique que la Chine est le premier fournisseur mondial de composants de réseau avancés pour les systèmes à très haute tension, comme les transformateurs, les disjoncteurs, les onduleurs, ce qui, selon nous, crée des risques de vulnérabilité cybernétique. Pouvez-vous nous parler un peu de vos préoccupations concernant ces vulnérabilités pour notre réseau électrique, et de ce que cela signifie d'être actuellement dépendant de la Chine pour des composants tels que les transformateurs de grande puissance ?

PAUL NAKASONE

Monsieur le Sénateur, vous mettez l'accent sur le défi que représentent les chaînes d'approvisionnement. Nous connaissons bien les chaînes d'approvisionnement, même dans le cas d'un adversaire différent avec les panneaux solaires. Qu'avons-nous appris ? Je vous dirais tout d'abord que nous dépendons de plus en plus de pays pour fournir ce type de capacité. Nous devons être vigilants quant à la manière dont nous envisageons les choses, que nous comprenions ou non la chaîne d'approvisionnement complète des pièces essentielles qui entrent en jeu, ou que nous ayons ou non une censure à l'autre bout qui nous indique que quelque chose est anormal. C'est le monde dans lequel nous vivons, c'est le monde dans lequel nous devons opérer à l'avenir.

MARTIN HEINRICH

Serait-ce une bonne idée d'essayer de produire certains de ces composants stratégiques ici ou avec des alliés et des amis de confiance, au lieu d'être aussi dépendants ?

PAUL NAKASONE

Certainement, et je pense que le travail de nombre d'entre vous au sein de cette commission en ce qui concerne les semi-conducteurs est un excellent exemple de l'importance de la fabrication aux États-Unis.

ANGUS KING (*Démocrate*)

La Chine est en passe de contrôler 65 % du marché des batteries lithium-ion (elle domine tous les maillons de la chaîne d'approvisionnement), 40 % des ingrédients pharmaceutiques actifs dans le monde. Et sa part mondiale dans la fabrication de panneaux solaires est de 80 %, et atteindra certainement 90 %. Il s'agit d'une information importante pour nous, car elle nous renseigne sur la dépendance dangereuse que nous avons développée dans de nombreux domaines. Les semi-conducteurs sont l'un des domaines dont nous avons parlé, mais cela me laisse penser que cette question de la dépendance doit vraiment faire l'objet d'un examen politique sérieux. Êtes-vous d'accord ?

AVRIL HAINES

Oui, absolument. Je pense que l'une des choses que nous essayons vraiment d'exposer ici est le fait qu'il ne s'agit pas simplement pour la Chine d'essayer de créer des chaînes d'approvisionnement locales, mais en fait de contrôler la chaîne d'approvisionnement mondiale.

ANGUS KING

Cela semble être une politique délibérée, n'est-ce pas ?

AVRIL HAINES

Exactement.

ANGUS KING

Et cela vaut également pour leurs actions en Afrique et en Amérique du Sud, où ils tentent d'accaparer le marché de divers produits de base.

AVRIL HAINES

On le voit non seulement dans leurs décisions d'achat et dans la manière dont ils les gèrent, mais aussi dans les lois qu'ils ont adoptées et qui leur donnent la possibilité, par exemple pour les éléments de terre rare, de modifier leurs politiques d'exportation et d'importation de manière à pouvoir créer cette pression.

ANGUS KING

La dépendance de l'Europe à l'égard de la Russie et du gaz nous a appris qu'il s'agit là d'un problème similaire auquel nous devons vraiment nous attaquer sur le plan politique.

RELATIONS RUSSIE-CHINE

ANGUS KING

Pour en venir à une autre question spécifique sur le renseignement, quelle est l'analyse actuelle de la relation entre la Chine et la Russie ? S'agit-il d'un mariage temporaire de convenance ? Ou d'une histoire d'amour à long terme ?

AVRIL HAINES

Elle continue de s'approfondir. Je pense donc que c'est peut-être la seconde hypothèse, même si j'hésite à la qualifier d'histoire d'amour. Il y a certaines limites à ce partenariat. Nous ne les voyons pas devenir des alliés comme nous le sommes avec les alliés et l'OTAN. Néanmoins, nous constatons une montée en puissance dans tous les secteurs.

ANGUS KING

Le secteur qui nous préoccupe le plus en ce moment est celui de l'aide à la Russie dans le conflit ukrainien. Qu'en est-il ? La Chine est-elle sur le point d'agir ? Est-elle en train de distribuer de l'aide ? C'est le risque le plus élevé, me semble-t-il, en termes de développement de cette relation.

AVRIL HAINES

Oui, nous les voyons fournir une assistance à la Russie dans le contexte du conflit. Et nous les voyons dans une situation où ils deviennent de plus en plus mal à l'aise par rapport au niveau d'assistance et où ils ne cherchent pas à le faire aussi publiquement que cela pourrait être le cas, pour ne pas nuire à leur réputation. Mais je pense qu'il s'agit d'une préoccupation très réelle. Le degré de proximité et d'assistance qu'ils fournissent est quelque chose que nous surveillons très attentivement. Nous serions heureux de vous en parler à huis clos.

CHANGEMENT CLIMATIQUE ET MIGRATION

ANGUS KING

Il y a toute une partie sur le changement climatique, qui est intéressante (c'est la Chine, la Russie, l'Iran, la Corée du Nord, le changement climatique en termes de priorité des risques), et vous identifiez le risque de famine et d'insécurité alimentaire dans l'ensemble du monde en développement. Vous avez mentionné la migration deux ou trois fois. Mais il me semble que c'est l'un des risques de déstabilisation les plus graves. Les réfugiés syriens, qui ont bouleversé la politique européenne, sont au nombre de 6 millions. Ici, nous parlons de plus de 100 millions. J'espère que la communauté du renseignement pourra fournir une analyse plus détaillée du risque migratoire, que je considère comme l'un des véritables défis des 10 ou 15 prochaines années, à mesure que les régions d'Afrique du Nord et du Moyen-Orient deviendront inhabitables. Pouvez-vous nous en dire plus à ce sujet ?

AVRIL HAINES

Je suis tout à fait d'accord avec vous. Nous chercherons à produire quelque chose et nous pourrons peut-être faire quelque chose de public dans ce sens.

CYBERNÉTIQUE

ANGUS KING

Général Nakasone, dans les quelques secondes qui me restent. La posture cybernétique de la Chine : j'ai l'impression qu'elle devient plus agressive. Est-ce vrai ? La Russie s'adapte-t-elle et s'améliore-t-elle ?

PAUL NAKASONE

Monsieur le Sénateur, je dirais que la Chine et la Russie sont des cyberadversaires très compétents. En ce qui concerne la Chine, nous constatons qu'elle prend de plus en plus de risques en volant notre propriété intellectuelle, voire en augmentant ses opérations d'influence. Ces efforts sont préoccupants pour nous.

En ce qui concerne la Russie, nous la percevons toujours très précisément et sommes en mesure de la mettre en garde et de contrer certaines de ses actions dans le monde. Nous les connaissons donc très bien.

ANGUS KING

Mais ils deviennent de plus en plus intelligents, n'est-ce pas, en utilisant nos infrastructures, par exemple ?

PAUL NAKASONE

Il est certain qu'ils sont de plus en plus intelligents. Mais nous sommes toujours en mesure de les devancer. Et c'est là le point essentiel sur lequel je voudrais insister.

ANGUS KING

La réponse serait donc peut-être que nous devenons également de plus en plus intelligents.

PAUL NAKASONE

Bien dit, Monsieur le Sénateur. Je vous remercie.

TIKTOK ET LES PRÉOCCUPATIONS EN MATIÈRE DE CONFIDENTIALITÉ DES DONNÉES DES MÉDIAS SOCIAUX

MICHAEL BENNETT (*Démocrate*)

Directeur Wray, vous avez mentionné dans vos réponses aux questions du sénateur Rubio sur TikTok que vous êtes préoccupé par la restitution des données au Parti communiste chinois et leur possible utilisation pour mener des opérations contre le peuple américain. Je me demande si vous pourriez profiter de cette occasion publique pour décrire au peuple américain le danger que représente pour lui cette plateforme gérée depuis Pékin. Quel est le danger pour eux ?

CHRISTOPHER WRAY

Permettez-moi de commencer par ce que j'ai essayé de dire vers la fin de mon échange avec le sénateur Rubio, à savoir que la différence entre une entreprise ostensiblement privée et le PCC est essentiellement une distinction sans différence. Ainsi, si vous demandiez aux Américains s'ils souhaitent confier toutes leurs données, le contrôle de leurs appareils et de leurs informations au PCC, la plupart d'entre eux répondraient qu'ils ne sont pas d'accord avec cela (comme le diraient mes enfants). C'est la question que nous posons. Il s'agit donc bien d'une question de collecte de données. Et nous savons qu'ils peuvent l'utiliser pour mener toutes sortes d'opérations de *big data*.

MICHAEL BENNETT

Et qu'est-ce qu'une opération de *big data* ?

CHRISTOPHER WRAY

Le président et d'autres ont posé beaucoup de questions sur l'IA et ses développeurs. Nous avons dénoncé l'engloutissement d'informations et de données par le gouvernement chinois, puis l'utilisation de l'IA et d'autres outils tels que les supercalculateurs, pour rassembler toutes ces données afin de mener des opérations d'espionnage et de vol de propriété intellectuelle. Les données sont la monnaie du royaume, ceux qui ont les meilleures informations ont le pouvoir. Et c'est ce que cela leur permet de faire. Il suffit de regarder le piratage d'Equifax, où ils ont essentiellement volé les informations personnelles de la moitié de la population des États-Unis. Et il s'agit d'une seule opération du gouvernement chinois.

Il faut donc contrôler les données pour mener toutes sortes d'opérations de *big data*. C'est le contrôle de l'algorithme de recommandation qui leur permet de mener des opérations d'influence. C'est le contrôle du logiciel qui leur permet d'avoir accès à des millions d'appareils. Si l'on réunit ces trois éléments, on en revient au point de départ, à savoir qu'il s'agit d'un outil qui, en fin de compte, est sous le contrôle du gouvernement chinois. Pour moi, il s'agit d'une question de sécurité nationale.

MICHAEL BENNETT

Mes enfants ont à peu près le même âge que les vôtres et ce que je dirais, c'est qu'il faudrait trouver une autre plateforme. Le peuple américain n'a pas besoin de passer trois semaines par an sur une plateforme gérée depuis Pékin, pour les besoins de Pékin. Nous pouvons faire mieux que cela. Je dirais également que je ne pense pas que le peuple américain ait eu le genre de négociations dont vous venez de parler, même avec nos propres grandes plateformes de données de médias sociaux aux États-Unis. Nous n'avons pas négocié nos droits à la vie privée. Nous n'avons pas négocié pour savoir si vos enfants ou les miens devraient bénéficier des avantages économiques de leur identité, ou si Mark Zuckerberg devrait bénéficier des avantages économiques de leur identité. Je pense, Monsieur le Président, qu'il s'agit d'un sujet connexe auquel il est important que nous réfléchissions.

L'AMÉRIQUE LATINE

JAMES LANKFORD (*Républicain*)

Nous avons parlé un peu de notre voisin du sud. De nombreux pays d'Amérique latine ont élu des gouvernements de gauche. Quelle est l'étendue des percées que nos adversaires ont faites dans ces pays traditionnellement amis des États-Unis ? Quelle est la différence dans le monde d'aujourd'hui en Amérique latine ?

WILLIAM BURNS (*Directeur de la CIA*)

Je pense qu'il y a une tendance générale dont certains de nos adversaires profitent. Nous l'avons vu lorsque nous parlions de technologie, qu'il s'agisse de conclure des accords impliquant Huawei, ou ZTE, ou la 5G qui permet l'accès aux données. Nous rappelons tout le temps aux pays avec lesquels nous traitons en Amérique latine les risques — surtout en ce qui concerne la République populaire de Chine – que ces relations économiques aggravent la corruption dans leurs pays, rendent leurs économies, de type unidimensionnelle, de plus en plus dépendantes de l'exportation de matières premières vers la Chine, leur fassent contracter des dettes qui compliqueront leur croissance économique durablement. Et il est certain que les services de renseignement adverses tentent également d'éroder notre influence dans bon nombre de ces pays. C'est donc aussi un véritable défi, dans certains endroits comme la Colombie, où nous entretenons des relations de longue date et luttons contre les stupéfiants tout en soutenant les progrès économique et politique de ces pays, je pense que nous sommes encore en mesure de maintenir une grande partie de la coopération que nous avons construite au cours des vingt dernières années. Nous devons donc travailler dur, relation par relation.

MIKE ROUNDS (*Républicain*)

Directeur Haines, je veux pouvoir parler un peu de l'Iran. Nos alliés et d'autres au Moyen-Orient ne sont pas enthousiasmés par le JCPOA. Ils n'y sont pas favorables. C'est un défi et nous regardons l'Iran augmenter considérablement son enrichissement maintenant. L'AIEA[1] a déclaré publiquement qu'ils sont maintenant à près de 84 %. À quelle distance se trouve l'Iran en ce moment ? Et quelles sont ses ambitions nucléaires ? Sont-elles pacifiques ? Ou y a-t-il des systèmes d'armes qu'ils essaient de développer ?

AVRIL HAINES

Merci, Monsieur. Nous devrions évidemment reprendre cela à huis clos. Mais c'est effectivement très inquiétant.

MIKE ROUNDS

L'Iran essaie-t-il de développer des réseaux de substitution, en choisissant le Hezbollah pour avancer dans différentes régions, mais également de développer des réseaux de substitution aux États-Unis en ce moment ?

AVRIL HAINES

Oui, Sénateur.

MIKE ROUNDS

Les gardiens de la révolution islamique tentent d'assassiner, faute de meilleur terme, certains anciens responsables américains. Ma question pour vous et pour le directeur Wray est la suivante : comment gérons-nous cela ? Et fournissons-nous le niveau adéquat d'informations et de sécurité à ces anciens responsables américains qui ont été

1. Agence internationale de l'énergie atomique.

spécifiquement désignés par les gardiens de la Révolution sur leur liste des personnalités à abattre ?

CHRISTOPHER WRAY

Je vais commencer, il y a évidemment plus de choses dont nous pouvons parler à huis clos. Mais il s'agit d'un flux de menaces dont je parle avec mon équipe plusieurs fois par semaine, ce qui vous donne une mesure de cette priorité. Nous sommes certainement engagés auprès des individus potentiellement ciblés. Et la sécurité varie selon les individus, selon la situation. Ce n'est pas nous qui assurons la sécurité directement, mais nous donnons des informations qui les aident à façonner leur approche de la sécurité.

SOCIÉTÉS DE CAPITAL-RISQUE ET DE CAPITAL-INVESTISSEMENT EN CHINE

BOB CASEY (*Démocrate*)

Directeur Haines, je voulais vous poser des questions sur les sociétés de capital-risque et de capital-investissement, car elles continuent de rechercher des opportunités commerciales en Chine avec souvent très peu de considération pour le risque de sécurité nationale ou d'autres risques. Pouvez-vous expliquer à la fois les risques pour la sécurité nationale et les risques pour la sécurité économique qui sont pertinents lorsqu'il s'agit d'accords commerciaux entre ces types d'entreprises en République populaire de Chine ?

AVRIL HAINES

Absolument, Sénateur, je ferai de mon mieux, et d'autres auront peut-être aussi quelque chose à ajouter là-dessus. La Chine se concentre sur les technologies fondamentales essentielles qui lui donneront, d'après elle, un avantage technologique décisif. Nous avons parlé d'un certain nombre de ces technologies, intelligence artificielle, informatique quantique, haute performance informatique, semi-conducteurs, etc. Dans tous ces domaines, nous sommes en concurrence avec la Chine. Si une entreprise aux États-Unis ou dans un pays allié a un bureau à Pékin, ou y ouvre une usine, la Chine a des lois qui lui permettent d'avoir accès à l'information et d'autres choses probablement. Et cela lui permet de forcer ces entreprises à fournir des informations qui peuvent lui être utiles et, en fin de compte, de faire progresser sa propre compétitivité dans ce domaine. Par l'espionnage et d'autres moyens, la Chine a également obtenu des informations de nos sociétés, même en dehors de la Chine et de sociétés occidentales, et cela en soi est un problème.

De plus, nous voyons qu'elle essaie de créer un contrôle sur les chaînes d'approvisionnement mondiales. Ce dont nous avons discuté lors de cette audition dans le contexte de divers domaines technologiques, tels que les terres rares, les semi-conducteurs, où nous savons que s'ils sont capables de contrôler certains maillons de la chaîne d'approvisionnement ils peuvent fondamentalement avoir un effet de levier sur cela, leur donnant un avantage inacceptable en nous empêchant d'obtenir les fournitures dont nous avons besoin au moment où nous en avons besoin à des fins de sécurité nationale ou autres. Voici un exemple : si vous regardez ce qui se passe actuellement en Russie et les contrôles à l'exportation que nous avons pu utiliser en ce qui concerne la Russie et les semi-conducteurs, vous pouvez voir à quel point ces technologies sont importantes pour leur capacité à poursuivre la guerre. Et nous ne voulons pas que les États-Unis soient soumis à ce genre de problème, où la Chine pourrait nous empêcher d'obtenir du matériel nécessaire à notre défense nationale ou à notre capacité.

Ce sont donc entre autres les défis posés par ces entreprises en Chine dans des domaines clés où elles peuvent obtenir les informations dont elles ont besoin. Cela ne s'applique pas à tout et ne veut pas dire qu'il ne peut y avoir de relation économique, évidemment. Mais je pense que nous devons simplement être particulièrement conscients de cela, et nous essayons d'éduquer à la fois nos décideurs et le public sur ces questions.

BOB CASEY

Mis à part la sécurité économique, purement du point de vue de la sécurité nationale, y a-t-il d'autres secteurs qui vous préoccupent le plus ?

AVRIL HAINES

Oui, absolument : les semi-conducteurs, l'intelligence artificielle, l'informatique avancée, l'informatique quantique, la biotechnologie, la biofabrication, voilà quelques-uns des domaines importants qui nous préoccupent particulièrement.

TROISIÈME PARTIE

ANALYSES, FAITS ET CHIFFRES

CHINE

CONTEXTE HISTORIQUE

La civilisation historique de la Chine remonte au moins au XIIIe siècle avant J.-C., d'abord sous les dynasties Shang (jusqu'en 1046 avant J.-C.), puis Zhou (1046-221 avant J.-C.). L'ère impériale de la Chine a commencé en 221 avant J.-C. sous la dynastie Qin et a duré jusqu'à la chute de la dynastie Qing en 1912. Au cours de cette période, la Chine a alterné des périodes d'unité et de désunion sous une succession de dynasties impériales. Au XIXe siècle, la dynastie Qing a beaucoup souffert de l'extension excessive par la conquête territoriale, de l'insolvabilité, de la guerre civile, de l'impérialisme, des défaites militaires et de l'expropriation des ports et des infrastructures par les étrangers. Elle s'est effondrée à la suite de la révolution de 1911 et la Chine est devenue une république sous la direction de Sun Yat-sen du parti Kuomintang (KMT ou nationaliste). Toutefois, la république est en proie à la division, aux seigneurs de la guerre et à l'intervention étrangère continue. À la fin des années 1920, une guerre civile a éclaté entre le gouvernement du KMT, dirigé par Chiang Kaishek, et le Parti communiste chinois (PCC). Le Japon a occupé une grande partie du nord-est de la Chine au début des années 1930, puis a lancé une invasion totale du pays en 1937. Les huit années de guerre qui ont suivi ont dévasté le pays et coûté jusqu'à 20 millions de vies chinoises au moment de la défaite du Japon en 1945. La guerre civile entre nationalistes et communistes s'est poursuivie avec une intensité renouvelée après la fin de la Seconde Guerre mondiale et a culminé avec la victoire du PCC en 1949, sous la direction de Mao Zedong.

Mao et le PCC ont mis en place un système socialiste autocratique qui, tout en assurant la souveraineté de la RPC, a imposé des contrôles stricts sur la vie quotidienne et lancé des politiques agricoles, économiques, politiques et sociales – telles que le Grand Bond en avant (1958-1962) et la Révolution culturelle (1966-1976) – qui ont coûté la vie à des millions de personnes. Mao est mort en 1976. À partir de 1978, les dirigeants suivants, Deng Xiaoping, Jiang Zemin et Hu Jintao, se sont concentrés sur un développement économique axé sur le marché et sur l'ouverture du pays au commerce extérieur, tout en maintenant le pouvoir du PCC. Depuis ce revirement, la Chine figure parmi les économies les plus dynamiques du monde, avec une croissance annuelle moyenne du produit intérieur brut réel de plus de 9 % jusqu'en 2021, ce qui a permis à quelque 800 millions de personnes de sortir de la pauvreté et d'améliorer considérablement le niveau de vie en général. En 2011, l'économie de la RPC était la deuxième du monde. Cette croissance a toutefois entraîné des déplacements sociaux considérables, a eu des effets néfastes sur l'environnement et a réduit les ressources naturelles du pays. Le dirigeant actuel, Xi Jinping, a poursuivi ces politiques, tout en maintenant des contrôles politiques stricts. Au cours de la dernière décennie, la Chine a également accru son ouverture sur le monde, notamment par des déploiements militaires, la participation à des organisations internationales et le lancement, en 2013, d'une initiative de connectivité mondiale appelée «Les nouvelles routes de la soie». Si de nombreuses nations ont signé des accords dans ce cadre pour attirer les investissements de la RPC, d'autres se sont montrées réticentes face au comportement opaque des prêteurs, à la faiblesse des normes environnementales, sociales et de gouvernance (ESG) et à d'autres pratiques qui nuisent à la gouvernance locale et favorisent la corruption associée à certains projets liés aux nouvelles routes de la soie. Xi Jinping a assumé les fonctions de secrétaire général du Parti communiste chinois et de président de la Commission militaire centrale en 2012 et de président en 2013. En mars 2018, l'Assemblée nationale populaire de la RPC a adopté un amendement abolissant la limitation du nombre de mandats présidentiels, ce qui a permis à Xi Jinping de briguer un troisième mandat de cinq ans en 2023.

GÉOGRAPHIE

Emplacement

Asie de l'Est, bordant la mer de Chine orientale, la baie de Corée, la mer Jaune et la mer de Chine méridionale, entre la Corée du Nord et le Vietnam.

Superficie

9 596 960 km^2. Terre : 9 326 410 km^2. Eau : 270 550 km^2.

Frontières terrestres

22 457 km. 14 pays frontaliers : Afghanistan (91 km), Bhoutan (477 km), Birmanie (2 129 km), Inde (2 659 km), Kazakhstan (1 765 km), Corée du Nord (1 352 km), Kirghizistan (1 063 km), Laos (475 km), Mongolie (4 630 km), Népal (1 389 km), Pakistan (438 km), Russie (nord-est) (4 133 km) et Russie (nord-ouest) (46 km), Tadjikistan (477 km), Vietnam (1 297 km).

Littoral

14 500 kilomètres.

Revendications maritimes

Mer territoriale : 12 milles nautiques. Zone contiguë : 24 milles nautiques. Zone économique exclusive : 200 milles nautiques. Plateau continental : 200 milles nautiques ou jusqu'au bord de la marge continentale.

Climat

Extrêmement diversifié : tropical au sud à subarctique au nord.

Terrain

Principalement des montagnes, des hauts plateaux, des déserts à l'ouest, plaines, deltas et collines à l'est.

Altitude

Point culminant : mont Everest (plus haut sommet d'Asie et point culminant de la Terre au-dessus du niveau de la mer), 8 849 m. Point le plus bas : Turpan Pendi (dépression de Turfan), -154 m. Altitude moyenne : 1 840 m.

Ressources naturelles

Charbon, minerai de fer, hélium, pétrole, gaz naturel, arsenic, bismuth, cobalt, cadmium, ferrosilicium, gallium, germanium, hafnium, indium, lithium, mercure, tantale, tellure, étain, titane, tungstène, antimoine, manganèse, magnésium, molybdène, sélénium, strontium, vanadium, magnétite, aluminium, plomb, zinc, terres rares, uranium, potentiel hydroélectrique (le plus grand du monde), terres arables.

Utilisation des terres

Terres agricoles : 54,7 % (est. 2018). Terres arables : 11,3 % (est. 2018). Cultures permanentes : 1,6 % (est. 2018). Pâturages permanents : 41,8 % (est. 2018). Forêt : 22,3 % (est. 2018). Autres : 23 % (est. 2018).

Terre irriguée

690 070 km^2 (est. 2012).

Risques naturels

Typhons fréquents (environ cinq par an le long des côtes sud et est), inondations dévastatrices, tsunamis, tremblements de terre, sécheresses, affaissements de terrain.

Volcanisme : la Chine contient des volcans historiquement actifs, dont Changbaishan (également connu sous le nom de Baitoushan, Baegdu ou Paektu-san), Hainan Dao et Kunlun, bien que la plupart aient été relativement inactifs au cours des derniers siècles.

POPULATION ET SOCIÉTÉ

Population

1 413 142 846 (est. 2023).

Groupes ethniques

Chinois Han : 91,1 %. Minorités ethniques : 8,9 % (comprend Zhang, Hui, Manchu, Uighur, Miao, Yi, Tujia, Tibétain, Mongol, Dong, Buyei, Yao, Bai, Coréen, Hani, Li, Kazakh, Dai et autres nationalités) (est. 2021).

Langues

Chinois standard ou mandarin (officiel; putonghua, basé sur le dialecte de Pékin), yue (cantonais), wu (shanghaïen), minbei (fuzhou), minnan (hokkien-taïwanais), dialectes xiang, gan, hakka, langues minoritaires (voir entrée de groupes).

Note. Zhuang est officiel dans le Guangxi Zhuang, yue est officiel dans le Guangdong, le mongol est officiel dans le Nei Mongol, le ouïghour est officiel dans le Xinjiang Uygur, le kirghize est officiel dans le Xinjiang Uygur et le tibétain est officiel dans le Xizang (Tibet).

Religions

Religion populaire: 21,9 %. Bouddhistes: 18,2 %. Chrétiens: 5,1 %. Musulmans: 1,8 %. Hindous: < 0,1 %. Juifs: < 0,1 %. Autres: 0,7 % (taoïstes), non affiliés: 52,1 % (est. 2021). Officiellement: athées.

Rapports de dépendance

Ratio de dépendance total: 44,5. Ratio de dépendance des jeunes: 25,5. Ratio de dépendance des personnes âgées: 19. Ratio de soutien potentiel: 5,3 (est. 2021).

Note. Les données n'incluent pas Hong Kong, Macao et Taïwan.

Âge moyen

Total: 38,4 ans. Hommes: 37,5 ans. Femmes: 39,4 ans (est. 2020).

Taux de croissance de la population

0,18 % (est. 2023).

Taux de natalité

9,69 naissances/1 000 habitants (est. 2023).

Taux de mortalité

7,82 décès/1 000 habitants (est. 2023).

Taux de migration nette

-0,11 migrant/1 000 habitants (est. 2023).

Répartition de la population

L'écrasante majorité de la population se trouve dans la moitié orientale du pays. L'ouest, avec ses vastes étendues montagneuses et désertiques, reste peu peuplé. Bien que classé premier au monde en termes de population totale, la densité globale est inférieure à celle de nombreux autres pays d'Asie et d'Europe. Une forte densité de population se trouve le long des vallées du Yangtze et du fleuve Jaune, du delta du fleuve Xi Jiang, du bassin du Sichuan (autour de Chengdu), dans et autour de Pékin, et de la zone industrielle autour de Shenyang.

Urbanisation

Population urbaine : 64,6 % de la population totale (est. 2023). Taux d'urbanisation : 1,78 % taux de variation annuel (est. 2020-2025).

Note. Les données n'incluent pas Hong Kong et Macao.

Grandes zones urbaines – population

Shanghai : 29,211 M d'habitants. Beijing (capitale) : 21,766 M d'habitants. Chongqing : 17,341 M d'habitants. Guangzhou : 14,284 M d'habitants. Tianjin : 14,239 M d'habitants. Shenzhen : 13,073 M d'habitants (est. 2023).

Taux de mortalité maternelle

29 décès/100 000 naissances vivantes (est. 2017).

Taux de mortalité infantile

Total : 6,49 décès/1 000 naissances vivantes. Masculin : 6,93 décès/1 000 naissances vivantes. Féminin : 6,01 décès/1 000 naissances vivantes (est. 2023).

Espérance de vie à la naissance

Population totale : 78,23 ans. Hommes : 75,5 ans. Femmes : 81,2 ans (est. 2023).

Taux de fécondité total

1,45 enfant/femme (est. 2023).

Taux de reproduction brut

0,69 (est. 2023).

Source d'eau potable

Améliorée : urbaine : 97,3 % de la population. Rurale : 91,5 % de la population. Totale : 95,1 % de la population.

Non améliorée : urbaine : 2,7 % de la population. Rurale : 8,5 % de la population. Totale : 4,9 % de la population (est. 2020).

Dépenses de santé courantes

5,6 % du PIB (est. 2020).

Densité de médecins

2,23 médecins/1 000 habitants (est. 2019).

Densité des lits d'hôpitaux

4,3 lits/1 000 habitants (est. 2017).

Accès aux sanitaires

Amélioré : urbain : 97,6 % de la population. Rural : 90,6 % de la population. Total : 94,9 % de la population.

Non amélioré : urbain : 2,4 % de la population. Rural : 9,4 % de la population. Total : 5,1 % de la population (est. 2020).

Principales maladies infectieuses

Degré de risque : élevé (est. 2020). Maladies d'origine alimentaire ou hydrique : diarrhée bactérienne, hépatite A et fièvre typhoïde. Maladies à transmission vectorielle : fièvre hémorragique de Crimée-Congo, encéphalite japonaise. Maladies de contact avec le sol : fièvre hémorragique hantavirale avec syndrome rénal (HFRS).

Note. Le coronavirus provoque une épidémie de maladie respiratoire (Covid-19) en Chine. La maladie causée par ce virus a varié de légère à grave avec des décès signalés. Au 9 décembre 2022, la Chine a signalé un total de 9 862 129 cas de Covid-19 ou 670,3 cas cumulés de Covid-19 pour 100 000 habitants avec un total de 30 717 décès cumulés ou un taux de 2,1 décès cumulés pour 100 000 habitants. Au 28 novembre 2022, 91,5 % de la population a reçu au moins une dose de vaccin Covid-19.

Dépenses d'éducation

3,6 % du PIB (est. 2020).

Alphabétisation

Définition : 15 ans et plus savent lire et écrire.

Population totale : 96,8 %. Hommes : 98,5 %. Femmes : 95,2 % (est. 2018).

Taux de chômage des jeunes (15-24 ans)

Total : 11,4 %. Hommes : 12,1 %. Femmes : 10,4 % (est. 2021).

Remarque. En octobre 2015, le gouvernement chinois a annoncé qu'il modifierait ses règles pour permettre à tous les couples d'avoir deux enfants, assouplissant un mandat de 1979 qui limitait de nombreux couples à un enfant. La nouvelle politique a été mise en œuvre le 1er janvier 2016 pour faire face au vieillissement rapide de la population chinoise et aux besoins économiques futurs.

ENVIRONNEMENT

Enjeux actuels

La pollution de l'air (gaz à effet de serre, particules de dioxyde de soufre) due à la dépendance au charbon produit des pluies acides. La Chine est le plus grand émetteur au monde de dioxyde de carbone provenant de la combustion de combustibles fossiles. Les pénuries d'eau, en particulier dans le nord. La pollution de l'eau par les déchets non traités. La destruction côtière due à la remise en état des terres, au développement industriel et à l'aquaculture. La déforestation et la destruction de l'habitat. Une mauvaise gestion des terres entraîne l'érosion des sols, des glissements de terrain, des inondations, des sécheresses, des tempêtes de poussière et la désertification. Commerce d'espèces menacées.

Accords internationaux

Adhésion : Traité sur l'Antarctique, protection de l'environnement, des ressources vivantes marines, biodiversité, changement climatique. – Protocole de Kyoto sur le changement climatique. – Accord de Paris, désertification, espèces menacées, modification de l'environnement, déchets dangereux, droit de la mer, déversement en mer. – Convention de Londres, déversement en mer. – Protocole de Londres, protection de la couche d'ozone, pollution par les navires, bois tropicaux 2006, zones humides, chasse à la baleine.

Signée, mais non ratifiée : Interdiction complète des essais nucléaires.

Polluants atmosphériques

Émissions de particules : 49,16 microgrammes par mètre cube (est. 2016). Émissions de dioxyde de carbone : 9 893,04 mégatonnes (est. 2016). Émissions de méthane : 1 490,24 mégatonnes (est. 2020).

Climat

Extrêmement diversifié : tropical au sud à subarctique au nord.

Revenus forestiers

0,08 % du PIB (est. 2018).

Revenus du charbon

0,57 % du PIB (est. 2018).

Déchets et recyclage

Déchets solides municipaux générés annuellement : 210 millions de tonnes (est. 2015).

Prélèvement total d'eau

Municipal : 79,4 milliards de m^3 (est. 2017). Industriel : 133,5 milliards de m^3 (est. 2017). Agricole : 385,2 milliards de m^3 (est. 2017).

Ressources en eau renouvelables totales

2,8 billions de m^3 (est. 2019).

GOUVERNEMENT

Nom du pays

Forme conventionnelle longue : République populaire de Chine. Forme conventionnelle courte : Chine. Forme longue locale : Zhonghua Renmin Gongheguo. Forme courte locale : Zhongguo. Abréviation : RPC.

Étymologie : le nom anglais dérive des dirigeants Qin (Chin) du IIIe siècle avant J.-C. Dynastie impériale de la Chine ancienne. Le nom chinois Zhongguo se traduit par « Nation centrale » ou « Empire du Milieu ».

Type de gouvernement

État dirigé par le Parti communiste.

Capitale

Nom : Pékin.

Fuseau horaire

La Chine est le plus grand pays (en termes de superficie) avec un seul fuseau horaire.

Divisions administratives

23 provinces : *sheng*, singulier et pluriel. 5 régions autonomes : *zizhiqu*, singulier et pluriel. 4 municipalités : *shi*, singulier et pluriel, et deux régions administratives spéciales : *tebie xingzhengqu*, singulier et pluriel.

Provinces : Anhui, Fujian, Gansu, Guangdong, Guizhou, Hainan, Hebei, Heilongjiang, Henan, Hubei, Hunan, Jiangsu, Jiangxi, Jilin, Liaoning, Qinghai, Shaanxi, Shandong, Shanxi, Sichuan, Yunnan, Zhejiang ; (voir note sur Taïwan).

Régions autonomes : Guangxi, Nei Mongol (Mongolie intérieure), Ningxia, Xinjiang Uyghur, Xizang (Tibet).

Municipalités : Pékin, Chongqing, Shanghai, Tianjin.

Régions administratives spéciales : Hong Kong, Macao.

Note. La Chine considère Taïwan comme sa 23e province.

Indépendance

1er octobre 1949 (établissement de la République populaire de Chine).

Fête nationale

Anniversaire de la fondation de la République populaire de Chine : 1er octobre (1949).

Constitution

Derniers amendements promulgués le 4 décembre 1982 : proposés par le Comité permanent de l'Assemblée populaire nationale ou soutenus par plus d'un cinquième des membres de l'Assemblée populaire nationale ; l'adoption nécessite un vote à la majorité des deux tiers des membres du Congrès ; modifiée plusieurs fois, en dernier en 2018.

Système légal

Droit civil influencé par les systèmes de droit civil soviétique et européen continental. La législature conserve le pouvoir d'interpréter les lois.

Note. Le 28 mai 2020, l'Assemblée populaire nationale a adopté le Code civil de la RPC, qui codifie les relations personnelles et les relations de propriété.

Participation à des organisations de droit international

N'a pas soumis de déclaration de compétence à la CIJ. État non partie à la CPI.

Citoyenneté

Nationalité par naissance: non. Nationalité uniquement par filiation: au moins un parent doit être citoyen chinois. Double nationalité reconnue: non. Condition de résidence pour la naturalisation: la naturalisation est théoriquement possible, en pratique elle est extrêmement difficile. La résidence est requise mais non spécifiée.

Droit de vote

18 ans.

Exécutif

Chef d'État: président Xi Jinping (depuis le 14 mars 2013). Vice-président: Wang Qishan (depuis le 17 mars 2018).

Chef du gouvernement: Premier ministre: Li Keqiang (depuis le 16 mars 2013). Vice-Premiers ministres: Han Zheng (depuis le 19 mars 2018), Sun Chunlan (depuis le 19 mars 2018), Liu He (depuis le 19 mars 2018), Hu Chunhua (depuis le 19 mars 2018).

Cabinet: Conseil d'État nommé par l'Assemblée populaire nationale.

Élections/nominations: président et vice-président élus au suffrage indirect par l'Assemblée populaire nationale (mandat illimité). La dernière élection présidentielle s'est tenue le 10 mars 2023. Le Premier ministre est nommé par le président, et approuvé par les résultats des élections de l'Assemblée populaire.

Résultats des élections (2023): Xi Jinping a été réélu président par 2 952 voix (0 contre et 0 abstention). Han Zheng a été élu à la vice-présidence.

Note. L'autorité ultime appartient au Bureau politique de 25 membres du Comité central du Parti communiste (Politburo) et à son Comité permanent de sept membres. Xi Jinping occupe les trois postes les plus puissants en tant que secrétaire général du Parti, président de l'État et président de la Commission militaire centrale.

Législatif

Description : Assemblée populaire nationale monocamérale ou Quanguo Renmin Daibiao Dahui (maximum de 3 000 sièges ; membres élus au suffrage indirect par les assemblées populaires municipales, régionales et provinciales et l'Armée populaire de libération ; les membres ont un mandat de 5 ans).

Note. Dans la pratique, seuls les membres du Parti communiste chinois (PCC), ses 8 partis indépendants alliés et les candidats indépendants approuvés par le PCC sont élus.

Judiciaire

Plus hautes juridictions : Cour populaire suprême (composée de plus de 340 juges, dont le juge en chef et 13 grands juges organisés en un comité civil et des tribunaux pour les affaires civiles, économiques, administratives, de plainte et d'appel, et de communication et de transport).

Sélection des juges et durée du mandat : le juge en chef nommé par le Congrès national du peuple (NPC) ; limité à 2 mandats consécutifs de 5 ans ; d'autres juges et juges nommés par le juge en chef et nommés par le Comité permanent de l'APN ; mandat des autres juges et juges déterminé par le NPC.

Partis politiques et dirigeants

Parti communiste chinois ou PCC [Xi Jinping] : la Chine compte 8 petits partis nominalement indépendants contrôlés par le PCC.

Description du drapeau

Rouge avec une grande étoile jaune à cinq branches et quatre petites étoiles jaunes à cinq branches (disposées en arc vertical vers le milieu du drapeau) dans le coin supérieur du côté du mât. La couleur rouge représente la révolution, tandis que les étoiles symbolisent les quatre classes sociales – la classe ouvrière, la paysannerie, la petite bourgeoisie urbaine et la bourgeoisie nationale (capitalistes) – unies sous le Parti communiste chinois.

Symboles nationaux

Dragon, panda géant. Couleurs nationales : rouge, jaune.

Hymne national

« Yiyongjun Jinxingqu » (La marche des volontaires). Paroles/musique : Tian Han/Nie Er.

Patrimoine national

Total des sites du patrimoine mondial : 56 (14 naturels, 38 culturels, 4 mixtes). Sites sélectionnés du patrimoine mondial : palais impériaux des dynasties Ming et Qing, mausolée du premier empereur Qin, la Grande Muraille, Palais d'été, vallée de Jiuzhaigou, Palais du Potala, Pingyao antique, Macao historique, Dengfeng, Grand Canal, mont Huangshan.

Remarque

En 2018, Pékin a créé une commission nationale de surveillance chargée de superviser tous les employés de l'État.

ÉCONOMIE

Aperçu

La Chine est l'une des deux premières économies mondiales, elle a une croissance soutenue en raison des relations d'exportation, de son secteur manufacturier et des travailleurs à bas salaire. Elle est la seule grande économie à éviter le déclin économique du Covid-19. Les efforts de redressement ralentissent en raison des déséquilibres de longue date de la pauvreté et d'autres problèmes institutionnels. Contrôles économiques parrainés par l'État.

PIB réel (parité de pouvoir d'achat)

24,861 billions de dollars (est. 2021).

Taux de croissance du PIB réel

8,11 % (est. 2021).

PIB réel par habitant

17 600 $ (est. 2021).

Taux d'inflation (prix à la consommation)

0,98 % (est. 2021).

PIB – composition, par secteur d'origine

Agriculture : 7,9 % (est. 2017). Industrie : 40,5 % (est. 2017). Services : 51,6 % (est. 2017).

PIB – composition, par utilisation finale

Consommation des ménages : 39,1 % (est. 2017). Consommation publique : 14,5 % (est. 2017). Investissement en capital fixe : 42,7 % (est. 2017). Investissement dans les stocks : 1,7 % (est. 2017). Exportations de biens et services : 20,4 % (est. 2017). Importations de biens et services : -18,4 % (est. 2017).

Production agricole

Maïs, riz, légumes, blé, canne à sucre, pommes de terre, concombres, tomates, pastèques, patates douces.

Industries

Leader mondial en termes de valeur brute de la production industrielle : exploitation minière et traitement du minerai, fer, acier, aluminium et autres métaux, charbon ; machines de construction, armements, textiles et vêtements ; pétrole, ciment, produits chimiques, engrais, produits de consommation (y compris chaussures, jouets et appareils électroniques) ; préparation des aliments, matériel de transport, y compris automobiles, wagons et locomotives, navires, aéronefs, équipements de télécommunications, lanceurs spatiaux commerciaux, satellites.

Taux de croissance de la production industrielle

8,22 % (est. 2021).

Force de travail

791,383 millions (est. 2021).

Population active

Agriculture : 27,7 %. Industrie : 28,8 %. Services : 43,5 % (est. 2016).

Taux de chômage

4,82 % (est. 2021).

Note. Les données concernent le chômage urbain enregistré, qui exclut les entreprises privées et les migrants.

Taux de chômage des jeunes (15-24 ans)

Total : 11,4 %. Hommes : 12,1 %. Femmes : 10,4 % (est. 2021).

Population sous le seuil de pauvreté

0,6 % (est. 2019).

Coefficient de l'indice de Gini – répartition du revenu familial

38,2 (est. 2019).

Revenu ou consommation des ménages en pourcentage

10 % les plus bas : 2,1 %. 10 % les plus élevés : 31,4 % (2012).

Note. Les données concernent uniquement les ménages urbains.

Budget

Revenus : 2 553 Mds$ (est. 2017). Dépenses : 3 008 Mds$ (est. 2017).

Excédent (+) ou déficit (–) budgétaire

-3,8 % du PIB (est. 2017)

Dette publique

47 % du PIB (est. 2017).

Impôts et autres revenus

8,09 % du PIB (est. 2020).

Solde du compte courant

317,301 Mds$ (est. 2021).

Exportations

3,554 billions de dollars (est. 2021).

Note. Les données sont en dollars de l'année en cours et n'incluent pas les exportations ou les réexportations illicites.

Exportations – partenaires

États-Unis : 17 %. Hong Kong : 10 %. Japon : 6 % (est. 2019).

Exportations – produits de base

Matériel de diffusion, ordinateurs, circuits intégrés, machines et pièces de bureau, téléphones (est. 2019).

Importations

3,091 billions de dollars (est. 2021). 2,38 billions de dollars (est. 2020). 2,499 billions de dollars (est. 2019).

Note. Les données sont en dollars de l'année en cours.

Importations – partenaires

Corée du Sud : 9 %. Japon : 8 %. Australie : 7 %. Allemagne : 7 %. États-Unis : 7 %. Taïwan : 6 % (est. 2019).

Importations – marchandises

Pétrole brut, circuits intégrés, fer, gaz naturel, voitures, or (est. 2019).

Réserves de devises et d'or

3,428 billions de dollars (est. 2021).

Dette externe

2 027 950 000 000 $ (est. 2019).

Taux d'échange

Renminbi yuan (RMB) pour un dollar américain : 6,449 (est. 2021).

ÉNERGIE

Accès à l'électricité

Électrification – population totale : 100 % (2020).

Électricité

Capacité de production installée : 2 217 925 000 kW (est. 2020). Consommation : 6 875 088 640 000 kWh (est. 2019). Exportations : 21,655 milliards de kWh (est. 2019). Importations : 4,858 milliards de kWh (est. 2019). Pertes de transport/distribution : 333,01 milliards de kWh (est. 2019).

Sources de production d'électricité

Combustibles fossiles : 66 % de la capacité totale installée (est. 2020). Nucléaire : 4,8 % de la capacité totale installée (est. 2020). Solaire : 3,5 % de la capacité totale installée (est. 2020). Éolien : 6,2 % de la capacité totale installée (est. 2020). Hydroélectricité : 17,8 % de la capacité installée totale (est. 2020). Marée et houle : 0 % de la capacité installée totale (est. 2020). Géothermie : 0 % de la capacité installée totale (est. 2020). Biomasse et déchets : 1,6 % de la capacité totale installée (est. 2020).

Charbon

Production : 4 314 681 000 tonnes métriques (est. 2020). Consommation : 4 506 387 000 tonnes métriques (est. 2020). Exportations : 6,652 millions de tonnes métriques (est. 2020). Importations : 307,047 millions de tonnes métriques (est. 2020). Réserves prouvées : 141,595 milliards de tonnes métriques (est. 2019).

Pétrole

Production totale de pétrole : 4 712 200 barils/jour (estimation 2021). Consommation de pétrole raffiné : 14 007 500 barils/jour (est. 2019). Exportations de pétrole brut et de condensat de location : 52 500 barils/jour (estimation 2018). Importations de pétrole brut et de condensat de location : 9 238 100 barils/jour (est. 2018). Réserves estimées de pétrole brut : 26 022 600 000 barils (est. 2021).

Produits pétroliers raffinés – production

11,51 millions de barils/jour (est. 2015).

Produits pétroliers raffinés – exportations

848 400 barils/jour (est. 2015).

Produits pétroliers raffinés – importations

1,16 million de barils/jour (est. 2015)

Gaz naturel

Production : 179 317 495 000 m³ (est. 2019). Consommation : 306 576 649 000 m³ (est. 2019). Exportations : 3 548 831 000 m³ (est. 2019). Importations : 131 608 161 000 m³ (est. 2019). Réserves prouvées : 6 654 250 000 m³ (est. 2019).

Émissions de dioxyde de carbone

10 773 248 000 tonnes métriques de CO_2 (est. 2019). Provenant du charbon et du coke métallurgique : 8 652 419 000 tonnes métriques de CO_2 (est. 2019). Provenant du pétrole et d'autres liquides : 1 520 552 000 tonnes métriques de CO_2 (est. 2019). Provenant du gaz naturel consommé : 600,276 millions de tonnes métriques de CO_2 (est. 2019).

COMMUNICATION

Systèmes de télécommunications

Aperçu. La Chine possède le plus grand marché de l'Internet au monde, la quasi-totalité des abonnés y accèdent par le biais d'appareils mobiles. La croissance du marché est tirée par les investissements soutenus par le gouvernement. Le marché des centres de données se développe rapidement, le gouvernement vise à fournir une couverture à large bande universelle et abordable grâce à la concurrence du marché et à l'investissement privé dans les entreprises contrôlées par l'État. Les abonnés 3G et LTE adopteront la 5G, ce qui représente 2 millions de stations de base 5G d'ici à la fin de l'année 2022. Le gouvernement renforce les politiques en matière de technologies de l'information et de la communication (IdO) pour stimuler la croissance économique. La Chine encourage le développement de villes intelligentes au-delà de Pékin, les habitants de Pékin portent une carte virtuelle intégrant des documents relatifs à l'identité, à la sécurité sociale, à la santé et à l'éducation. Le gouvernement contrôle les accès à l'Internet mondial par la censure, la surveillance et les fermetures ; principal exportateur mondial d'équipements de radiodiffusion (2022).

Domestique. Près de 13 pour 100 lignes fixes et 118 pour 100 mobiles-cellulaires. Système satellite domestique avec plusieurs stations terriennes, en place depuis 2018 (2020).

International. Indicatif de pays : 86. Points d'atterrissage pour les câbles sous-marins RJCN, EAC-C2C, TPE, APCN-2, APG, NCP, TEA, SeaMeWe-3, SJC2, Taïwan Strait Express-1, AAE-1, APCN-2, AAG, FEA, FLAG et TSE des câbles assurant la connectivité vers l'Asie, le Moyen-Orient, l'Europe et les États-Unis ; stations terrestres satellites : 7 (5 Intelsat, 4 océan Pacifique et 1 océan Indien) ; 1 Interspoutnik – région de l'océan Indien ; et 1 Inmarsat – régions de l'océan Pacifique et de l'océan Indien (2019).

Note. La pandémie de Covid-19 continue d'avoir un impact significatif sur la production et les chaînes d'approvisionnement au niveau mondial. Depuis 2020, certains aspects du secteur des télécommunications ont connu un ralentissement, en particulier la production d'appareils mobiles. Les progrès vers la mise en place de la 5G ont repris, ainsi que les mises à niveau de l'infrastructure. Les dépenses des consommateurs en matière de services de télécommunications ont progressé en raison de l'augmentation de la demande de puissance et de débit. La nature cruciale des services de télécommunications en tant qu'outil pour le travail et l'école à domicile est toujours évidente, et le pic dans ce domaine a vu des opportunités de croissance pour le développement de nouveaux outils et des services accrus.

Médias de diffusion

Tous les médias de diffusion appartiennent ou sont affiliés au Parti communiste chinois (PCC) ou à une agence gouvernementale. Il n'y a pas de chaînes de télévision ou de radio privées. La télévision centrale chinoise gérée par l'État, les stations provinciales et municipales offrent plus de 2 000 chaînes. Le Département central de la propagande ainsi que les autorités locales (provinciales, municipales) envoient des directives à tous les médias nationaux pour guider leurs reportages, le gouvernement conservant l'autorité d'approuver toute la programmation. Les programmes télévisés de fabrication étrangère doivent être approuvés/censurés avant leur diffusion. De plus en plus, les ressortissants de la RPC se tournent vers les plateformes en ligne (Bilibili, Tencent Video, iQiyi, etc.) pour accéder aux films et émissions de télévision de la RPC et internationaux. Les plateformes vidéo doivent respecter les réglementations émises par l'Administration du cyberespace de Chine (CAC), qui s'alignent sur les politiques de censure des autorités de propagande du PCC.

Les internautes

Total : 987 millions (est. 2020). Pourcentage de la population : 70 % (est. 2020).

TRANSPORTS

Système national de transport aérien

Nombre de transporteurs aériens immatriculés : 56 (2020).

Aéroports

507 (2021).

Héliports

39 (2021).

Pipelines

76 000 km gaz, 30 400 km pétrole brut, 27 700 km produits pétroliers raffinés, 797 000 km eau (2018).

Chemins de fer

150 000 km (2021).

Chaussées

5,2 millions de km (2020).

Voies navigables

27 700 km (2020).

Marine marchande

Total : 6 662. Par type : 1 558 vraquiers. 341 porte-conteneurs. 957 cargos. 1 061 pétroliers. Autres : 2 745 (2021).

Ports et terminaux

Principaux ports maritimes : Dalian, Ningbo, Qingdao, Qinhuangdao, Shanghai, Shenzhen, Tianjin. Ports à conteneurs de Xiamen (EVP) : Dalian (3 672 000), Guangzhou (24 180 000), Ningbo (31 070 000), Qingdao (23 710 000), Shanghai (47 030 300), Shenzhen (28 767 600), Tianjin (20 269 400), Xiamen (12 045 700) (2021). Terminaux méthaniers (import) : Fujian, Guangdong, Jiangsu, Shandong, Shanghai, Tangshan, Zhejiang. Port fluvial : Canton (Perle).

MILITAIRE ET SÉCURITÉ

Forces militaires et de sécurité

Armée populaire de libération (APL) : Forces terrestres, marine (PLAN, comprend les marines et l'aviation navale). Armée de l'air (PLAAF, comprend les forces aéroportées). Rocket Force (force de missiles stratégiques) et Force de soutien stratégique (information, électronique et cyber-guerre, ainsi que forces spatiales). Police armée populaire (PAP, comprend les garde-côtes, les forces de défense des frontières, les forces de sécurité intérieure). Force de réserve de l'APL (2022).

Note 1. La Force de soutien stratégique comprend le Département des systèmes spatiaux, qui est responsable de presque toutes les opérations spatiales de l'APL, y compris le lancement et le soutien spatiaux, la surveillance spatiale, le soutien de l'information spatiale, la télémétrie spatiale, le suivi et le contrôle, et la guerre spatiale.

Note 2. Le PAP est une composante de la police paramilitaire des forces armées chinoises qui est sous la double autorité du Comité central du Parti communiste et de la Commission militaire centrale et est chargée de la sécurité intérieure, de l'application de la loi, de la lutte contre le terrorisme et de la protection des droits maritimes

Note 3. En 2018, la Garde côtière a été transférée de l'Administration océanique d'État au PAP. En 2013, la Chine a fusionné quatre de ses cinq principales agences d'application de la loi maritime – la surveillance maritime chinoise (CMS), la police maritime, l'application de la loi sur la pêche (FLE) et la police anti-contrebande – en une garde côtière unifiée.

Dépenses militaires

1,5 % du PIB (est. 2021).

Points forts du personnel militaire et des services de sécurité

Estimation d'un total de 2 millions de soldats en service actif. Environ 1 million de soldats terrestres, 250 000 marine, 350-400 000 forces aériennes, 120 000 forces de fusée, 150-175 000 forces de soutien stratégique. Environ 600 à 650 000 membres de la police armée populaire (2022).

Inventaires et acquisitions d'équipements militaires

L'Armée populaire de libération (APL) est principalement équipée d'un large éventail de systèmes nationaux anciens et modernes fortement influencés par la technologie dérivée d'autres pays. La Russie a été le premier fournisseur d'équipements militaires étrangers ces dernières années. La Chine possède un vaste secteur industriel de la défense capable de produire des systèmes d'armes avancés dans tous les domaines militaires (2022).

Note. L'APL est au milieu d'un effort de modernisation de plusieurs décennies. En 2017, le président Xi a fixé trois objectifs de développement pour la force – devenir une force mécanisée avec des informations et des capacités stratégiques accrues d'ici 2020, une force entièrement modernisée d'ici 2035 et une armée de classe mondiale d'ici le milieu du siècle.

Âge et obligation du service militaire

18-22 ans pour les hommes pour le service militaire obligatoire sélectif, avec une obligation de service de 2 ans. Les femmes âgées de 18 à 19 ans qui ont un diplôme d'études secondaires et remplissent les conditions requises pour des emplois militaires spécifiques sont soumises à la conscription. Les femmes peuvent aussi faire du bénévolat. Tous les officiers sont volontaires (2022).

Note. Le système de conscription de l'APL fonctionne comme un prélèvement. L'ALP fixe le nombre de conscrits nécessaires, ce qui produit des quotas pour les provinces. Chaque province fournit un nombre fixe de soldats ou de marins, si le nombre de volontaires ne respecte pas les quotas les gouvernements locaux peuvent obliger les individus à entrer dans le service militaire.

Déploiements militaires

425 Mali (MINUSMA), 225 République démocratique du Congo (MONUSCO), 420 Liban (FINUL), 1 050 Soudan du Sud (MINUSS), jusqu'à 2 000 Djibouti (2022).

Remarque

Créée en 1927, l'APL (Armée populaire de libération) est la branche militaire du Parti communiste chinois (PCC) au pouvoir, qui supervise l'APL par l'intermédiaire de sa Commission militaire centrale, qui est le principal organe décisionnel militaire de Chine.

Les forces de sécurité intérieure de la RPC se composent principalement du ministère de la Sécurité publique (MSP), du ministère de la Sécurité d'État (MSE), de la police armée populaire (PAP) et de la milice. L'APL soutient les forces de sécurité intérieure en tant que de besoin. Le MPE contrôle la police nationale civile, qui sert de force de première ligne pour l'ordre public. Sa mission principale est l'application de la loi nationale et le maintien de l'ordre, y compris la lutte contre les émeutes et le terrorisme. Le MSE est le principal service civil de renseignement et de contre-espionnage de la RPC. Le PAP est une composante paramilitaire (ou auxiliaire) de l'APL. Ses principales missions comprennent la sécurité intérieure, le maintien de l'ordre public, la sécurité maritime et l'assistance à l'APL en temps de guerre. Il est placé sous le commandement de la Commission militaire centrale (CMC). La Garde côtière chinoise (GCC) relève administrativement du PAP. La GCC a diverses missions, telles que l'application de la souveraineté maritime, la surveillance, la protection des ressources, la lutte contre la contrebande et l'application générale de la loi. En 2023, c'était la plus grande flotte maritime d'application de la loi au monde. La milice est une réserve armée de civils qui sert de force auxiliaire et de réserve pour l'APL lors de la mobilisation, bien qu'elle soit distincte des forces de réserve de l'APL; les unités de la milice sont organisées autour des villes, des villages, des sous-districts urbains et des entreprises, et varient considérablement en composition et en mission. Elles ont des structures de commandement duales civilo-militaires, un élément clé de la milice sont les forces maritimes locales, communément appelées la milice maritime des forces armées populaires (PAFMM). Le PAFMM se compose de marins (et de leurs navires) qui reçoivent une formation, de l'équipement et d'autres formes de soutien de la marine et de la GCC (bien que le PAFMM reste séparé des deux) pour effectuer des tâches telles que la patrouille maritime, la surveillance et la reconnaissance, l'urgence/catastrophe intervention, transport, recherche et sauvetage, et tâches auxiliaires à l'appui des opérations navales en temps de guerre. Les tâches du PAFMM sont souvent menées en collaboration ou en coordination avec la marine et la GCC; il a été utilisé pour affirmer les revendications maritimes de Pékin dans la mer du Japon et la mer de Chine méridionale (2023).

Litiges internationaux

La Chine et l'Inde poursuivent leur dialogue sur la sécurité et la politique étrangère entamé en 2005 et portant sur un certain nombre de différends frontaliers à travers la région frontalière commune de 2 000 miles. L'Inde ne reconnaît pas la cession par le Pakistan à la Chine, en 1964, de l'Aksai Chin, un territoire désigné comme faisant partie de l'État princier du Cachemire par l'enquête britannique sur l'Inde en 1865. La Chine revendique la majeure partie de l'État indien de l'Arunachal Pradesh jusqu'à la base de l'Himalaya, mais les États-Unis reconnaissent l'État de l'Arunachal Pradesh comme un territoire indien. Le Bhoutan et la Chine poursuivent des négociations en vue d'établir un tracé frontalier commun pour résoudre les différends territoriaux résultant de divergences cartographiques substantielles, dont les plus litigieuses se situent à l'ouest du Bhoutan, le long du saillant chinois de Chumbi. Les cartes chinoises montrent un symbole de frontière internationale (la «ligne à neuf tirets») au large des côtes des États littoraux de la mer de Chine méridionale, où la Chine a interrompu la prospection vietnamienne d'hydrocarbures. La Chine affirme sa souveraineté sur le récif de Scarborough avec les Philippines et Taïwan, et sur les îles Spratleys avec la Malaisie, les Philippines, Taïwan, le Vietnam et le Brunei. La déclaration de 2002 sur la conduite des parties en mer de Chine méridionale a apaisé les tensions dans les Spratleys et, en 2017, la Chine et l'ANASE ont entamé des négociations confidentielles sur un code de conduite actualisé pour la mer de Chine méridionale, conçu non pas pour régler les différends territoriaux, mais pour établir des règles et des normes dans la région. Il ne s'agit toujours pas du protocole de conduite juridiquement contraignant souhaité par certaines parties, le Vietnam et la Chine continuent d'étendre la construction d'installations dans les Spratleys et, début 2018, la Chine a commencé à déployer des systèmes militaires avancés dans les avant-postes contestés des Spratleys. La Chine occupe une partie des îles Paracels, également revendiquées par le Vietnam et Taïwan. Les îles Senkaku, administrées par le Japon, sont également revendiquées par la Chine et Taïwan, certaines îles des fleuves Yalu et Tumen font l'objet d'un différend avec la Corée du

Nord. La Corée du Nord et la Chine cherchent à endiguer la migration illégale vers la Chine des Nord-Coréens, qui fuient les privations et l'oppression. La Chine et la Russie ont délimité les îles autrefois contestées au confluent de l'Amour et de l'Oussouri et dans le fleuve Argun conformément à leur accord de 2004. La Chine et le Tadjikistan ont commencé à délimiter la frontière révisée convenue lors de la délimitation de 2002. La démarcation de la frontière terrestre entre la Chine et le Vietnam, qui a duré dix ans, s'est achevée en 2009. Invoquant des préoccupations environnementales, culturelles et sociales, la Chine a reconsidéré la construction de 13 barrages sur le fleuve Salween, mais la Birmanie, qui manque d'énergie, continue d'envisager, avec le soutien de la Thaïlande, la construction de cinq barrages hydroélectriques en aval, en dépit des protestations régionales et internationales.

Réfugiés et déplacés internes

Réfugiés (pays d'origine) : 303 107 (Vietnam), indéterminé (Corée du Nord) (mi-année 2021). PDI : indéterminé (2021).

Traite des personnes

Note de niveau. – Niveau 3. – La Chine ne respecte pas pleinement les normes minimales pour l'élimination de la traite et ne fait pas d'efforts significatifs pour y parvenir. La Chine est donc restée au niveau 3. Le gouvernement a engagé sa première poursuite dans une affaire de traite nationale, a approuvé un nouveau plan d'action national pour 2021-2030 et a organisé une formation à la lutte contre la traite. Cependant, il y avait une politique gouvernementale ou un modèle de travail forcé généralisé, y compris la détention arbitraire massive continue d'Ouïghours, d'ethnies kazakhes, d'ethnie kirghize et de membres d'autres minorités turques et musulmanes dans la région autonome ouïghoure du Xinjiang. Le gouvernement a également mis en œuvre des politiques similaires contre d'autres minorités religieuses et les Tibétains dans d'autres provinces. Des ressortissants chinois auraient été victimes de travail forcé dans plusieurs pays d'Asie, du Moyen-Orient, d'Afrique et d'Europe accueillant des projets de l'initiative de la « Belt and Road Initiative » (BRI) ; pour la cinquième année consécutive, le gouvernement n'a pas communiqué de données complètes sur l'application de la loi, n'a identifié aucune victime de la traite ni ne l'a orientée vers des services de protection (2022).

Profil de trafic. Les trafiquants d'êtres humains exploitent les victimes nationales et étrangères en Chine et les Chinois à l'étranger. Des hommes, des femmes et des enfants chinois sont victimes de travail forcé et de trafic sexuel dans au moins 60 pays. Les trafiquants utilisent également la Chine comme point de transit pour soumettre des étrangers à la traite dans d'autres pays d'Asie et dans les industries maritimes internationales. Le travail forcé parrainé par l'État s'intensifie dans le cadre de la campagne de détention massive et d'endoctrinement politique du gouvernement contre les minorités musulmanes dans la région autonome ouïghoure du Xinjiang. Des syndicats criminels bien organisés et des gangs locaux soumettent les femmes et les filles chinoises au trafic sexuel en Chine. Les femmes et les filles d'Asie du Sud, d'Asie du Sud-Est et de plusieurs pays d'Afrique subissent le travail forcé dans le service domestique, le concubinage forcé conduisant à une maternité forcée, et le trafic sexuel *via* le mariage forcé et frauduleux avec des hommes chinois. Des hommes africains et asiatiques subiraient des conditions révélatrices de travail forcé à bord de navires de pêche battant pavillon chinois ; de nombreux réfugiés et demandeurs d'asile nord-coréens vivant illégalement en Chine sont particulièrement vulnérables à la traite.

Médicaments illicites

Source majeure de précurseurs chimiques, de nouvelles substances psychoactives (NPS) et de drogues synthétiques, notamment les précurseurs du fentanyl et la méthamphétamine. Les organisations criminelles de la RPC, la criminalité transnationale et les organisations du Mexique et d'Asie du Sud-Est font le trafic de composants chimiques précurseurs licites et de drogues finies illicites au sein de la RPC ainsi que sur les marchés internationaux. Consommation importante de drogues illicites de méthamphétamine et de kétamine. Un important pays de destination et de transit pour l'héroïne produite dans les pays voisins. La RPC reste une source majeure de NPS vendus en Amérique du Nord et en Europe.

TAÏWAN

CONTEXTE HISTORIQUE

D'abord habité par des populations austronésiennes, Taïwan a accueilli des immigrants Han à partir de la fin de la dynastie Ming (XVIIe siècle). En 1895, une défaite militaire a contraint la dynastie chinoise des Qing à céder Taïwan au Japon, qui a alors gouverné Taïwan pendant cinquante ans. Taïwan est passé sous le contrôle des nationalistes chinois (Kuomintang, KMT) après la Seconde Guerre mondiale. Avec la victoire des communistes dans la guerre civile chinoise en 1949, le gouvernement de la République de Chine, contrôlé par les nationalistes, et deux millions de nationalistes se sont réfugiés à Taïwan et ont continué à prétendre être le gouvernement légitime de la Chine continentale et de Taïwan, sur la base d'une constitution de 1947 élaborée pour l'ensemble de la Chine. Jusqu'en 1987, le gouvernement nationaliste a gouverné Taïwan en vertu d'une déclaration de loi martiale de guerre civile datant de 1948. À partir des années 1970, les autorités nationalistes ont progressivement commencé à intégrer la population autochtone dans la structure gouvernementale au-delà du niveau local. Le processus de démocratisation s'est rapidement développé dans les années 1980, conduisant à la création, alors illégale, du Parti démocratique progressiste (DPP), le premier parti d'opposition de Taïwan, en 1986, et à la levée de la loi martiale l'année suivante. Taïwan a organisé des élections législatives en 1992, les premières depuis plus de quarante ans, et sa première élection présidentielle directe en 1996. Lors des élections présidentielles de 2000, Taïwan a connu son premier transfert de pouvoir pacifique, le KMT étant battu par le DPP, et a ensuite connu deux autres transferts de pouvoir démocratiques en 2008 et 2016. Tout au long de cette période, l'île a prospéré, est devenue l'un des « tigres » économiques de l'Asie de l'Est et, après 2000, est devenue un investisseur majeur en Chine continentale à mesure que les liens entre les deux rives du détroit mûrissaient. Les questions politiques dominantes restent la réforme et la croissance économiques, ainsi que la gestion des relations sensibles entre Taïwan et la Chine.

GÉOGRAPHIE

Emplacement

Asie orientale, îles bordant la mer de Chine orientale, la mer des Philippines, la mer de Chine méridionale et le détroit de Taïwan, au nord des Philippines, au large de la côte sud-est de la Chine.

Superficie

35 980 km^2. Terre : 32 260 km^2. Eau : 3 720 km^2.

Frontières terrestres

0 km.

Littoral

1 566,3 km.

Revendications maritimes

Mer territoriale : 12 milles nautiques. Zone économique exclusive : 200 milles nautiques.

Climat

Tropical, marin, saison des pluies pendant la mousson du sud-ouest (juin à août), nébulosité persistante et étendue toute l'année.

Terrain

Les deux tiers de l'est sont principalement des montagnes accidentées, plaines plates à légèrement vallonnées à l'ouest.

Altitude

Point culminant : Yu Shan, 3 952 m. Point le plus bas : mer de Chine méridionale, 0 m. Altitude moyenne : 1 150 m.

Ressources naturelles

Petits gisements de charbon, gaz naturel, calcaire, marbre, amiante, terres arables.

Utilisation des terres

Terres agricoles : 22,7 % (est. 2018). Terres arables : 16,9 % (est. 2018). Cultures permanentes : 5,8 % (est. 2018). Autres : 77,3 % (est. 2018).

Terre irriguée

3 820 km^2 (2012).

Risques naturels

Tremblements de terre, typhons, volcanisme : l'île de Kueishantao (401 m), à l'est de Taïwan, est son seul volcan historiquement actif, bien qu'il n'ait pas éclaté depuis des siècles.

POPULATION ET SOCIÉTÉ

Population

23 588 613 (est. 2023).

Groupes ethniques

Chinois Han (y compris Holo, qui composent environ 70 % de la population de Taïwan, Hakka et autres groupes originaires de Chine continentale) : plus de 95 %, peuples indigènes malayo-polynésiens : 2,3 %.

Note 1. Il existe 16 groupes indigènes officiellement reconnus : Amis, Atayal, Bunun, Hla'alua, Kanakaravu, Kavalan, Paiwan, Puyuma, Rukai, Saisiyat, Sakizaya, Seediq, Thao, Truku, Tsou et Yami.

Note 2. Bien que non définitives, la majorité des données génétiques, archéologiques et linguistiques actuelles soutiennent la théorie selon laquelle Taïwan est la source ultime de la propagation des humains à travers le Pacifique jusqu'en Polynésie. L'expansion (environ 3000 avant J.-C. à 1200 après J.-C.) a eu lieu *via* les Philippines et l'est de l'Indonésie et a atteint les Fidji et les Tonga vers 900 avant J.-C., de là les voyageurs se sont répandus dans le reste des îles du Pacifique au cours des deux millénaires suivants.

Langues

Mandarin (officiel), min nan, dialectes hakka, environ 16 langues indigènes.

Religions

Bouddhistes : 35,3 %. Taoïstes : 33,2 %. Chrétiens : 3,9 %. Religion populaire (y compris confucéens) : environ 10 %. Autres : 18,2 % (est. 2005).

Rapports de dépendance

Ratio de dépendance total : 40,2. Ratio de dépendance des jeunes : 17,8. Ratio de dépendance des personnes âgées : 22,4. Ratio de soutien potentiel : 4,5 (est. 2021).

Âge moyen

Total : 42,3 ans. Hommes : 41,5 ans. Femmes : 43,1 ans (est. 2020).

Taux de croissance de la population

0,03 % (est. 2023).

Taux de natalité

7,33 naissances/1 000 habitants (est. 2023).

Taux de mortalité

7,98 décès/1 000 habitants (est. 2023).

Taux de migration nette

0,96 migrant/1 000 habitants (est. 2023).

Répartition de la population

La distribution présente un modèle de peuplement côtier périphérique, avec les plus grandes populations sur les côtes nord et ouest.

Urbanisation

Population urbaine : 80,1 % de la population totale (2023). Taux d'urbanisation : 0,65 % taux de variation annuel (est. 2020-2025).

Grandes zones urbaines – population

New Taipei City: 4,504 M d'habitants. Taipei (capitale): 2,754 M d'habitants. Taoyuan: 2,319 M d'habitants. Kaohsiung: 1,553 M d'habitants. Taichung: 1,369 M d'habitants., Tainan: 863 000 habitants (2023).

Taux de mortalité infantile

Total: 3,9 décès/1 000 naissances vivantes. Masculin: 4,23 décès/1 000 naissances vivantes. Féminin: 3,56 décès/ 1 000 naissances vivantes (est. 2023).

Espérance de vie à la naissance

Population totale: 81,38 ans. Hommes: 78,4 ans. Femmes: 84,54 ans (est. 2023).

Taux de fécondité total

1,09 enfant/femme (est. 2023).

Taux de reproduction brut

0,53 (est. 2023).

Source d'eau potable

Améliorée: urbaine: non renseigné. Rurale: non renseigné. Totale: non renseigné.

Non améliorée: urbaine: non renseigné. Rurale: non renseigné. Totale: non renseigné.

Dépenses de santé courantes

Non renseigné.

Densité de médecins

Non renseigné.

Accès aux sanitaires

Amélioré: urbain: non renseigné. Rural: non renseigné. Total: non renseigné.

Non amélioré: urbain: non renseigné. Rural: non renseigné. Total: non renseigné.

Enfants de moins de 5 ans en sous-poids

Non renseigné.

Femmes actuellement mariées (âgées de 15 à 49 ans)

51 % (est. 2023).

Dépenses d'éducation

Non renseigné.

Alphabétisation

Définition : 15 ans et plus savent lire et écrire.

Population totale : 98,5 %. Hommes : 99,7 %. Femmes : 97,3 % (2014).

ENVIRONNEMENT

Enjeux actuels

La pollution de l'air, la pollution de l'eau par les émissions industrielles, les eaux usées brutes, la contamination des approvisionnements en eau potable, le commerce d'espèces menacées, le stockage de déchets faiblement radioactifs.

Climat

Tropical, marin, saison des pluies pendant la mousson du sud-ouest (juin à août), nébulosité persistante et étendue toute l'année.

Déchets et recyclage

Déchets solides municipaux générés annuellement : 7,336 millions de tonnes (est. 2015).

Ressources en eau renouvelables totales

67 milliards de m^3 (2011).

GOUVERNEMENT

Nom du pays

Forme longue conventionnelle : aucune.

Forme courte conventionnelle : Taïwan.

Forme longue locale : aucune. Forme courte locale : Taïwan.

Ancien : Formose.

Étymologie : « Tayowan » était le nom du banc de sable côtier où les Hollandais ont érigé leur quartier général colonial sur l'île au XVIIe siècle ; l'ancien nom « Formosa » signifie « belle » en portugais.

Type de gouvernement

République semi-présidentielle.

Capitale

Nom : Taipei.

Étymologie : La signification chinoise est « Taïwan du Nord », reflétant la position de la ville dans le lointain au nord de l'île.

Divisions administratives

Comprend l'île principale de Taïwan ainsi que des îles plus petites à proximité et au large de la province chinoise du Fujian. Taïwan est divisé en 13 comtés (*xian*, singulier et pluriel), 3 villes (*shi*, singulier et pluriel) et 6 municipalités spéciales directement sous la juridiction du Yuan exécutif.

Comtés : Changhua, Chiayi, Hsinchu, Hualien, Kinmen, Lienchiang, Miaoli, Nantou, Penghu, Pingtung, Taitung, Yilan, Yunlin.

Villes : Chiayi, Hsinchu, Keelung

Municipalités spéciales : Kaohsiung (ville), New Taipei (ville), Taichung (ville), Tainan (ville), Taipei (ville), Taoyuan (ville).

Note. Taïwan utilise une variété de systèmes de romanisation. Alors qu'un système Wade-Giles modifié domine toujours, la ville de Taipei a adopté une romanisation pinyin pour les noms de rues et de lieux à l'intérieur de ses limites. D'autres autorités locales utilisent des systèmes de romanisation différents.

Fête nationale

Fête de la République (fête nationale), 10 octobre (1911).

Constitution

Histoire : précédente 1912, 1931 ; dernière adoptée le 25 décembre 1946, promulguée le 1er janvier 1947, en vigueur le 25 décembre 1947.

Amendements : proposés par au moins un quart des membres du Yuan législatif. L'adoption nécessite l'approbation par un vote majoritaire d'au moins les trois quarts des membres du Yuan législatif et l'approbation lors d'un référendum par plus de la moitié des électeurs éligibles. Révisé plusieurs fois, le dernier en 2005.

Système légal

Système de droit civil.

Participation à des organisations de droit international

N'a pas soumis de déclaration de compétence à la CIJ; État non partie à la CPI.

Citoyenneté

Nationalité par naissance: non. Nationalité uniquement par filiation: au moins un parent doit être citoyen de Taïwan. Double nationalité reconnue: oui, mais les citoyens de Taïwan ne sont pas reconnus comme ayant la double nationalité de la République populaire de Chine. Condition de résidence pour la naturalisation: 5 ans.

Droit de vote

20 ans.

Exécutif

Chef d'État: présidente Tsai Ing-wen (depuis le 20 mai 2016). Vice-président Lai Ching-te (depuis le 20 mai 2020).

Chef du gouvernement: Premier ministre Chen Chien-jen (président du Yuan exécutif) (depuis le 25 janvier 2023). Vice-Premier ministre Cheng Wen-tsan (vice-président du Yuan exécutif) (depuis le 25 janvier 2023).

Cabinet: Yuan exécutif – ministres nommés par le président sur recommandation du Premier ministre.

Élections/nominations: Le président et le vice-président élus directement au même scrutin à la majorité simple, vote populaire pour un mandat de 4 ans (éligibles pour un second mandat). Dernière élection le 11 janvier 2020 (prochaine date le 11 janvier 2024). Premier ministre nommé par le président. Vice-Premiers ministres nommés par le président sur recommandation du Premier ministre.

Résultat des élections (2020): Tsai Ing-wen élue présidente. Pourcentage des votes – Tsai Ing-wen (DPP): 57,1 %, Han Kuo-yu (KMT): 38,6 %, James Soong (PFP): 4,2 %.

Législatif

Description. Yuan législatif monocaméral. 113 sièges. 73 membres directement élus dans des circonscriptions uninominales au scrutin à la majorité simple. 34 membres directement élus dans une circonscription unique à l'échelle de l'île au scrutin proportionnel et 6 électeurs directs dans des circonscriptions autochtones à plusieurs sièges au scrutin proportionnel, vote de représentation. Les membres ont un mandat de 4 ans.

Élections. Dernière tenue le 11 janvier 2020 (prochaine le 11 janvier 2024).

Résultats. Pourcentage des votes par parti – Democratic Progressive Party (DPP) : 34,0 %. Kuomintang (KMT) : 33,4 %. Parti populaire de Taïwan (TPP) : 11,2 %. Parti du nouveau pouvoir (NPP) : 7,5 %. Sièges par parti – DPP : 61, KMT : 38, TPP : 5, NPP : 3. Composition au début de 2020 – hommes : 64, femmes : 48, pourcentage de femmes : 42,5 %.

Judiciaire

Plus hautes juridictions. Cour suprême (composée du président de la cour, du vice-président et d'environ 100 juges organisés en 8 chambres civiles et 12 chambres pénales, chacune avec un juge en chef de division et 4 juges associés). Cour constitutionnelle (composée du président de la cour, du vice-président et de 13 juges).

Sélection des juges et durée du mandat. Juges de la Cour suprême nommés par le président. Juges de la Cour constitutionnelle nommés par le président, avec l'approbation du Yuan législatif. Les juges de la Cour suprême sont nommés à vie. Juges de la Cour constitutionnelle nommés pour un mandat de 8 ans, dont la moitié des membres est renouvelée tous les 4 ans.

Partis politiques et dirigeants

Parti démocrate progressiste ou DPP : Chen Chi-mai (par intérim). Kuomintang ou KMT (Parti nationaliste) : Eric Chu Chi-luan. Parti du nouveau pouvoir ou NPP : Chen Jiau-hua. People First Party ou PFP : James Soong. Taïwan People's Party ou TPP : Ko Wen-je. Taïwan Statebuilding Party ou TSP : Chen Yi-chi.

Note. Le DPP et le KMT sont les deux principaux partis politiques. Il y a des centaines de petits partis enregistrés.

Description du drapeau

Champ rouge avec un rectangle bleu foncé dans le coin supérieur côté mât portant un soleil blanc à 12 rayons triangulaires. Le dessin bleu et blanc du canton (symbolisant le soleil du progrès) date de 1895. Il a ensuite été adopté comme drapeau du parti Kuomintang. Le bleu signifie la liberté, la justice et la démocratie, le rouge représente la fraternité, le sacrifice et le nationalisme, et le blanc représente l'égalité, la franchise et les moyens de subsistance du peuple. Les 12 rayons du soleil sont ceux des mois et des 12 heures chinoises traditionnelles (chaque rayon équivaut à 2 heures).

Note. Semblable au drapeau des Samoa.

Symboles nationaux

Soleil blanc à 12 rayons sur champ bleu. Couleurs nationales : bleu, blanc, rouge.

Hymne national

« Zhonghua Minguo guoge » (hymne national de la République de Chine). Paroles/musique : Hu Han-min, Tai Chi-t'ao et Liao Chung-k'ai/Cheng Mao-yun.

ÉCONOMIE

Aperçu

Économie d'Asie de l'Est à revenu élevé. Fabrication de micropuces informatiques les plus avancées sur le plan technologique. L'ingérence croissante de la Chine menace les capacités du marché. Augmentation des salaires minima. Inégalités socioéconomiques régionales de longue date.

PIB réel (parité de pouvoir d'achat)

1 143 277 000 000 $ (est. 2019).

Taux de croissance du PIB réel

2,71 % (est. 2019).

PIB réel par habitant

24 502 $ (est. 2018)

PIB (taux de change officiel)

611,391 milliards de dollars (est. 2019).

Taux d'inflation (prix à la consommation)

0,5 % (est. 2019).

PIB – composition, par secteur d'origine

Agriculture : 1,8 % (est. 2017). Industrie : 36 % (est. 2017). Services : 62,1 % (est. 2017).

PIB – composition, par utilisation finale

Consommation des ménages : 53 % (est. 2017). Consommation publique : 14,1 % (est. 2017). Investissement en capital fixe : 20,5 % (est. 2017). Investissement dans les stocks : -0,2 % (est. 2017). Exportations de biens et de services : 65,2 % (est. 2017). Importations de biens et services : -52,6 % (est. 2017).

Production agricole

Riz, légumes, porc, choux, volaille, canne à sucre, lait, œufs, ananas, fruits tropicaux.

Industries

Électronique, communications et produits des technologies de l'information, raffinage du pétrole, produits chimiques, textiles, fer et acier, machines, ciment, transformation des aliments, véhicules, produits de consommation, produits pharmaceutiques.

Taux de croissance de la production industrielle

3,9 % (est. 2017).

Force de travail

11,498 millions (est. 2020).

Population active – par profession

Agriculture : 4,9 %. Industrie : 35,9 %. Services : 59,2 % (est. 2016).

Taux de chômage

3,73 % (est. 2019). 3,69 % (est. 2018).

Population sous le seuil de pauvreté

1,5 % (est. 2012).

Coefficient de l'indice de Gini – répartition du revenu familial

33,6 (2014).

Revenu ou consommation des ménages en pourcentage

10 % les plus bas : 6,4 % (2010). 10 % les plus élevés : 40,3 % (2010).

Budget

Revenus : 91,62 milliards de dollars (est. 2017). Dépenses : 92,03 milliards de dollars (est. 2017).

Excédent (+) ou déficit (–) budgétaire

-0,1 % (du PIB) (est. 2017).

Dette publique

35,7 % du PIB (est. 2017).

Impôts et autres revenus

16 % (du PIB) (est. 2017).

Solde du compte courant

65,173 milliards de dollars (est. 2019).

Exportations

388,49 milliards de dollars (est. 2019).

Exportations – partenaires

Chine : 26 %. États-Unis : 14 %. Hong Kong : 12 %. Japon : 7 %. Singapour : 7 %. Corée du Sud : 5 % (2019).

Exportations – produits de base

Circuits intégrés, machines/pièces de bureau, ordinateurs, pétrole raffiné, écrans à cristaux liquides (2019).

Importations

308,744 milliards de dollars (est. 2019). 305,428 milliards de dollars (est. 2018). 303,067 milliards de dollars (est. 2017).

Importations – partenaires

Chine : 21 %. Japon : 16 %. États-Unis : 11 %. Corée du Sud : 6 % (2019).

Importations – marchandises

Circuits intégrés, pétrole brut, équipement photographique, gaz naturel, pétrole raffiné (2019).

Réserves de devises et d'or

456,7 milliards de dollars (est. au 31 décembre 2017).

Dette externe

189,684 milliards de dollars (est. 2019).

Taux d'échange

Nouveaux dollars taïwanais (TWD) pour un dollar américain : 28,211 (est. 2020).

ÉNERGIE

Électricité

Capacité de production installée : 57,738 millions de kW (est. 2020). Consommation : 269 570 325 000 kWh (est. 2020). Exportations : 0 kWh (est. 2020). Importations : 0 kWh (est. 2020). Pertes de transport/distribution : 9,484 milliards de kWh (est. 2020).

Sources de production d'électricité

Combustibles fossiles : 82,2 % de la capacité totale installée (est. 2020). Nucléaire : 11,2 % de la capacité totale installée (est. 2020). Solaire : 2,2 % de la capacité totale installée (est. 2020). Éolien : 0,9 % de la capacité totale installée (est. 2020). Hydroélectricité : 2,2 % de la capacité installée totale (est. 2020). Marée et vagues : 0 % de la capacité installée totale (est. 2020). Géothermique : 0 % de la capacité installée totale (est. 2020). Biomasse et déchets : 1,3 % de la capacité totale installée (est. 2020).

Charbon

Production : 5,955 millions de tonnes métriques (est. 2020). Consommation : 67,985 millions de tonnes métriques (est. 2020). Exportations : 118 000 tonnes métriques (est. 2020). Importations : 63,523 millions de tonnes métriques (est. 2020). Réserves prouvées : 1 million de tonnes métriques (est. 2019).

Pétrole

Production totale de pétrole : 800 barils/jour (est. 2021). Consommation de pétrole raffiné : 998 100 barils/jour (est. 2019). Exportations de pétrole brut et de condensat de location : 0 baril/jour (est. 2018). Importations de pétrole brut et de condensat de location : 886 200 barils/jour (est. 2018). Réserves estimées de pétrole brut : 2,4 millions de barils (est. 2021).

Produits pétroliers raffinés – production

924 000 barils/jour (est. 2015).

Produits pétroliers raffinés – exportations

349 600 barils/jour (est. 2015).

Produits pétroliers raffinés – importations

418 300 barils/jour (est. 2015).

Gaz naturel

Production : 150,589 millions de m^3 (est. 2019). Consommation : 22 002 493 000 m^3 (est. 2019). Exportations : 0 m^3 (est. 2021). Importations : 22 172 507 000 m^3 (est. 2019). Réserves prouvées : 6,23 milliards de m^3 (est. 2021).

Émissions de dioxyde de carbone

279,206 millions de tonnes métriques de CO_2 (est. 2019). Provenant du charbon et du coke métallurgique : 141,445 millions de tonnes métriques de CO_2 (est. 2019). Provenant du pétrole et d'autres liquides : 92,207 millions de tonnes métriques de CO_2 (est. 2019). Provenant du gaz naturel consommé : 45,554 millions de tonnes métriques de CO_2 (est. 2019).

Consommation d'énergie par habitant

160,669 millions de Btu/personne (est. 2019).

COMMUNICATION

Systèmes de télécommunications

Le gouvernement a déployé des efforts concrets pour tirer parti des atouts de Taïwan dans le développement d'industries de haute technologie orientées vers l'exportation, afin d'encourager et de permettre l'adoption rapide de plateformes de télécommunications avancées, tout en tirant parti de la même infrastructure de télécommunications pour aller encore plus loin dans les plans de développement industriel du pays. Taïwan a l'une des télédensités les plus élevées de la région. La tendance à la baisse du nombre d'abonnés à la téléphonie fixe a été ralentie par le fait que le principal fournisseur de téléphonie fixe a investi massivement dans la construction d'un vaste réseau de fibres optiques afin de permettre aux clients de conserver une connexion vocale terrestre dans le cadre d'une offre de services fixes à large bande. Les services par câble ont conservé une popularité exceptionnellement forte grâce au succès des câblodistributeurs dans la fourniture de services compétitifs de télévision et de téléphonie par câble, ce qui leur a permis de contourner le contrôle exercé par Chunghwa Telecom sur le dernier kilomètre de ses réseaux en cuivre et en fibre optique. Taïwan a également des taux de pénétration élevés dans les segments de la téléphonie mobile et de la téléphonie mobile à large bande. La croissance de ces deux marchés est presque au point mort parce que le pays a atteint un taux de pénétration de 100 % très tôt – dès l'introduction du GSM, dans le cas de la téléphonie mobile. Les ORM se sont empressés de déployer les réseaux et services 4G et 5G en succession rapide, mais le nombre d'abonnés (et la part de marché) n'a guère changé. L'amélioration de la qualité et des performances offertes par les nouvelles plateformes entraînera une augmentation de l'utilisation et de l'ARPU. La concurrence féroce qui a suivi le lancement de la 4G a entraîné le phénomène inverse, avec des guerres de prix qui ont fait chuter les recettes des opérateurs. Il est possible que le même problème soit évité avec la 5G, ce qui permettra à Taïwan d'atteindre l'objectif de 50 % d'abonnés à la 5G d'ici à la mi-2023 (2022).

Domestique. Ligne fixe : plus de 53 pour 100 et mobile-cellulaire : environ 123 pour 100 (2020).

International. Indicatif de pays : 886 ; les points d'atterrissage pour les câbles à fibres sous-marines EAC-C2C, APCN-2, FASTER, SJC2, TSE-1, TPE, APG, SeaMeWe-3, FLAG North Asia Loop/REACH North Asia, HKA, NCP et PLCN fournissent des liaisons partout (Asie, Australie, Moyen-Orient, Europe, Afrique et États-Unis) ; stations satellites terriennes : 2 (2019).

Médias de diffusion

5 réseaux de télévision nationaux exploitant environ 22 chaînes de télévision. Plus de 300 chaînes de télévision par satellite sont disponibles. Environ 60 % des foyers utilisent la télévision par câble multicanal. 99,9 % des foyers sont abonnés à la télévision numérique par câble ; réseaux de radio nationaux et régionaux avec environ 171 stations de radio (2019).

Les internautes

Total : 21 158 750 (est. 2019). Pourcentage de la population : 89 % (est. 2019).

TRANSPORTS

Système national de transport aérien

Nombre de transporteurs aériens immatriculés : 7 (2020).

Aéroports

37 (2021).

Héliports

31 (2021).

Pipelines

25 km condensat, 2 200 km essence, 13 500 km huile (2018).

Chemins de fer

1 613,1 km (2018).

Chaussées

43 206 km (2017).

Marine marchande

Total : 429. Par type : 37 vraquiers, 49 porte-conteneurs, 57 cargos, 33 pétroliers. Autres : 253 (2021).

Ports et terminaux

Principaux ports maritimes : Keelung (Chi-lung), Kaohsiung, Hualian, Taichung. Ports à conteneurs (EVP) : Kaohsiung (9 864 448), Taichung (1 979 222), Taipei (2 091 132) (2021). Terminaux GNL (importation) : Yung An (Kaohsiung), Taichung.

MILITAIRE ET SÉCURITÉ

Forces militaires et de sécurité

Forces armées de Taïwan : armée, marine (comprend le corps des marines), armée de l'air. Administration des garde-côtes de Taïwan (une organisation d'application de la loi avec des fonctions de sécurité intérieure en temps de paix et des missions de défense nationale en temps de guerre). Ministère de l'Intérieur : Police nationale (2022).

Dépenses militaires

2,2 % du PIB (est. 2022).

Points forts du personnel militaire et des services de sécurité

Environ 170 000 soldats en service actif (90 000 armée ; 40 000 marine, dont environ 10 000 marines ; 40 000 armée de l'air) (2022).

Note. Taïwan forme environ 120 000 réservistes par an, mais en 2022 a annoncé son intention d'augmenter ce chiffre à 260 000.

Inventaires et acquisitions d'équipements militaires

L'armée taïwanaise est armée principalement d'armes et d'équipements d'occasion fournis par les États-Unis, et les États-Unis sont restés le plus grand fournisseur d'armes ces dernières années. Taïwan possède également une industrie de défense nationale capable de construire et de moderniser une gamme de systèmes d'armes, y compris des navires de surface et des sous-marins (2023).

Âge et obligation du service militaire

À partir de ceux nés en 1994, les hommes de 18 à 36 ans peuvent se porter volontaires ou doivent accomplir 4 mois de service militaire obligatoire. Le service civil peut se substituer au service militaire dans certains cas. Les hommes nés avant décembre 1993 doivent accomplir un service obligatoire de 12 mois (militaire ou civil). Les hommes sont soumis à des rappels de formation jusqu'à quatre fois pour des périodes ne dépassant pas 20 jours pendant 8 ans après leur sortie. Les femmes peuvent s'enrôler mais sont limitées à des rôles non combattants dans la plupart des cas.

Dans le cadre de sa transition vers une armée entièrement volontaire, la dernière cohorte de conscrits militaires de 12 mois a achevé ses obligations de service en décembre 2018 (2022).

Note 1. Le service obligatoire est de 5 semaines de formation de base suivies de 11 semaines de formation spécialisée avec des unités de terrain. En 2022, Taïwan a annoncé que le service obligatoire serait prolongé de 4 à 12 mois à partir de janvier 2024.

Note 2. En 2021, les femmes représentaient environ 15 % de l'armée en service actif.

Remarque

La loi américaine sur les relations avec Taïwan d'avril 1979 stipule que les États-Unis fourniront à Taïwan des armes à caractère défensif et maintiendront la capacité des États-Unis à résister à tout recours à la force ou à d'autres formes de coercition qui mettraient en péril la sécurité ou le système social ou économique du peuple de Taïwan (2022).

QUESTIONS INTERNATIONALES

Litiges internationaux

Taïwan-Brunei-Chine-Malaisie-Philippines-Vietnam : impliqué dans un différend complexe sur les îles Spratleys dans la mer de Chine méridionale qui sont censées avoir de grandes réserves de pétrole et de gaz naturel, en plus d'être situées au milieu de zones de pêche de premier ordre et d'une navigation commerciale très active ; les îles Spratleys sont également dans une position stratégique pour établir une présence militaire afin de surveiller les activités en mer de Chine méridionale ; la « Déclaration sur la conduite des parties en mer de Chine méridionale » de 2002 a apaisé les tensions, mais ne constitue pas un « code de conduite » juridiquement contraignant souhaité par plusieurs des parties au conflit.

Taïwan-Chine-Philippines : différend frontalier sur le récif de Scarborough en mer de Chine méridionale. Scarborough Reef, comme les îles Spratleys, est stratégiquement situé et est entouré d'abondantes zones de pêche. Il peut également être mûr pour l'exploration pétrolière et gazière.

Taïwan-Chine-Vietnam: les îles Paracels sont occupées par la Chine mais revendiquées par Taïwan et le Vietnam.

Taïwan-Japon-Chine: en 2003, la Chine et Taïwan se sont montrés plus virulents en rejetant à la fois les revendications du Japon sur les îles inhabitées de Senkaku-shoto (Diaoyu Tai) et la zone économique exclusive déclarée unilatéralement par le Japon dans la mer de Chine orientale, où toutes les parties s'engagent dans la prospection d'hydrocarbures. Senkaku-shoto est situé à proximité de voies de navigation clés, de riches zones de pêche et peut-être d'importantes réserves de pétrole et de gaz naturel.

Médicaments illicites

Source majeure de précurseurs chimiques utilisés dans la production de stupéfiants illicites.

CORÉE DU NORD

CONTEXTE HISTORIQUE

Le premier royaume enregistré (Choson) sur la péninsule coréenne date d'environ 2300 avant J.-C. Au cours des siècles suivants, trois royaumes principaux – Kogoryo, Paekche et Silla – se sont établis sur la péninsule. Au Ve siècle de notre ère, Kogoryo est devenu le plus puissant, contrôlant la majeure partie de la péninsule, ainsi qu'une partie de la Mandchourie (l'actuel nord-est de la Chine). Mais Silla s'est allié aux Chinois pour créer le premier État coréen unifié à la fin du VIIe siècle (688). Après l'effondrement de Silla au IXe siècle, la Corée a été unifiée sous les dynasties Koryo (Goryeo ; 918-1392) et Chosen (Joseon ; 1392-1910).

La Corée est devenue l'objet d'une intense rivalité impérialiste entre les empires chinois (son bienfaiteur traditionnel), japonais et russe dans la seconde moitié du XIXe siècle et au début du XXe siècle. À la suite de la guerre sino-japonaise (1894-1895) et de la guerre russo-japonaise (1904-1905), la Corée a été occupée par le Japon impérial. En 1910, le Japon a officiellement annexé toute la péninsule. Au lendemain de la Seconde Guerre mondiale, la Corée a été divisée, la moitié nord passant sous le contrôle des communistes soutenus par l'Union soviétique. À la suite de la guerre de Corée (1950-1953), au cours de laquelle la Corée du Nord n'a pas réussi à conquérir la Corée du Sud (République de Corée) soutenue par les Nations unies, la Corée du Nord (République populaire démocratique de Corée), sous la direction de son fondateur, le président Kim Il-Sung, a adopté une politique de juche (« autosuffisance ») pour se protéger de l'influence extérieure. La Corée du Nord a diabolisé les États-Unis en les présentant comme la menace ultime pour son système social par le biais d'une propagande financée par l'État, et a modelé des politiques économiques et militaires autour de l'objectif idéologique central d'une éventuelle unification de la Corée sous le contrôle de Pyongyang. Le fils de Kim Il-Sung, Kim Jong-Il, a été officiellement désigné comme successeur de son père en 1980, assumant un rôle politique et de gestion de plus en plus important jusqu'à la mort de l'aîné Kim en 1994. Sous le règne de Kim Jong-Il, la Corée du Nord a continué à développer des armes nucléaires et des missiles balistiques. Kim Jong-Un a été publiquement présenté comme le successeur de son père en 2010. Après la mort de Kim Jong-Il en 2011, Kim Jong-Un a rapidement pris le pouvoir et a depuis occupé les plus hauts postes politiques et militaires du régime.

Après des décennies de mauvaise gestion économique et de mauvaise allocation des ressources, le Nord est confronté depuis le milieu des années 1990 à des pénuries alimentaires chroniques et à une stagnation économique. Ces dernières années, la production agricole intérieure du Nord a augmenté, mais elle est encore loin de subvenir aux besoins de toute sa population. À partir de 2002, la Corée du Nord a commencé à assouplir ses restrictions pour autoriser les marchés semi-privés, mais a réalisé peu d'autres efforts pour atteindre son objectif d'améliorer le niveau de vie général. Les nouveaux plans de développement économique des années 2010 n'ont pas atteint les objectifs fixés par le gouvernement pour les secteurs industriels clés, la production alimentaire ou la performance économique globale. En réponse, le dirigeant nord-coréen a admis en 2021 ces échecs, mais s'est engagé à poursuivre des politiques « d'autonomie ».

La Corée du Nord a une histoire d'actions et de postures militaires régionales provocatrices qui préoccupent grandement la communauté internationale et qui ont limité l'engagement international de la Corée du Nord, en particulier sur le plan économique. Il s'agit notamment de la prolifération d'articles liés à l'armée, du développement de missiles à longue portée, de programmes ADM (comprenant des essais de dispositifs nucléaires en 2006, 2009, 2013, 2016 et 2017), et de grandes forces armées conventionnelles. En 2013, la Corée du Nord a annoncé une politique de développement simultané de son programme d'armes nucléaires et de son économie. Fin 2017, Kim Jong-Un a déclaré que le développement des armes nucléaires du Nord était terminé. En 2018, il a annoncé un virage vers la diplomatie, y compris une redéfinition des priorités du développement économique, une pause dans les essais de missiles à partir de la fin de 2017 et une abstention de rhétorique anti-américaine à partir de juin 2018. Cependant, malgré des efforts de haut niveau pour apaiser les tensions au cours de la période 2018-2019, y compris des sommets avec les dirigeants de la Chine, de la Corée du Sud et des États-Unis, la Corée du Nord a continué ces dernières années à développer son programme de missiles balistiques et a publié des déclarations condamnant les États-Unis, et promettant de renforcer encore ses capacités militaires, y compris les missiles à longue portée et les armes nucléaires. La Corée du Nord reste l'un des pays les plus isolés du monde et l'un des plus pauvres d'Asie.

GÉOGRAPHIE

Emplacement

Asie de l'Est, moitié nord de la péninsule coréenne bordant la baie de Corée et la mer du Japon, entre la Chine et la Corée du Sud.

Superficie

120 538 km^2. Terre : 120 408 km^2. Eau : 130 km^2.

Frontières terrestres

1 607 km. 3 pays frontaliers : Chine (1 352 km), Corée du Sud (237 km), Russie (18 km).

Littoral

2 495 kilomètres.

Revendications maritimes

Mer territoriale : 12 milles nautiques. Zone économique exclusive : 200 milles nautiques.

Note. Frontière militaire 50 milles nautiques dans la mer du Japon et limite de la zone économique exclusive dans la mer Jaune où tous les navires et aéronefs étrangers sans autorisation sont interdits.

Climat

Tempéré, avec des précipitations concentrées en été, des hivers longs et rigoureux.

Terrain

Principalement des collines et des montagnes séparées par des vallées profondes et étroites, larges plaines côtières à l'ouest, discontinues à l'est.

Altitude

Point culminant : Paektu-san, 2 744 m. Point le plus bas : mer du Japon, 0 m. Altitude moyenne : 600 m.

Ressources naturelles

Charbon, minerai de fer, calcaire, magnésite, graphite, cuivre, zinc, plomb, métaux précieux, hydroélectricité.

Utilisation des terres

Terres agricoles : 21,8 % (est. 2018). Terres arables : 19,5 % (est. 2018). Cultures permanentes : 1,9 % (est. 2018). Pâturages permanents : 0,4 % (est. 2018). Forêt : 46 % (est. 2018). Autres : 32.2 % (est. 2018).

Terre irriguée

14 600 km^2 (2012).

Risques naturels

Sécheresses à la fin du printemps souvent suivies de graves inondations. Typhons occasionnels au début de l'automne. Volcanisme : Paektu-san (2 744 m) (également connu sous le nom de Baitoushan, Baegdu ou Changbaishan), à la frontière chinoise, est considéré comme historiquement actif.

POPULATION ET SOCIÉTÉ

Population

26 072 217 (est. 2023).

Groupes ethniques

Homogène sur le plan racial. Il y a une petite communauté chinoise et quelques Japonais ethniques.

Religions

Traditionnellement bouddhistes et confucéens, certains chrétiens et syncrétiques Chondogyo (Religion de la Voie Céleste).

Note. Activités religieuses autonomes désormais quasi inexistantes. Les groupes religieux parrainés par le gouvernement existent pour donner l'illusion de la liberté religieuse.

Rapports de dépendance

Ratio de dépendance total : 43,5. Ratio de dépendance des jeunes : 27,2. Ratio de dépendance des personnes âgées : 16,3. Ratio de soutien potentiel : 6,1 (est. 2021).

Âge moyen

Total : 34,6 ans. Hommes : 33,2 ans. Femmes : 36,2 ans (est. 2020).

Taux de croissance de la population

0,44 % (est. 2023).

Taux de natalité

14,06 naissances/1 000 habitants (est. 2023).

Taux de mortalité

9,66 décès/1 000 habitants (est. 2023).

Taux de migration nette

-0,04 migrant/1 000 habitants (est. 2023).

Répartition de la population

Population concentrée dans les plaines et les basses terres. Les régions les moins peuplées sont les provinces montagneuses adjacentes à la frontière chinoise. Les plus grandes concentrations se trouvent dans les provinces de l'ouest, en particulier le district municipal de Pyongyang, et autour de Hungnam et Wonsan à l'est.

Urbanisation

Population urbaine : 63,2 % de la population totale (2023). Taux d'urbanisation : 0,85 % taux de variation annuel (est. 2020-2025).

Grandes zones urbaines – population

Pyongyang (capitale) : 3,158 M d'habitants (2023).

Taux de mortalité infantile

Total : 22 décès/1 000 naissances vivantes. Masculin : 24,85 décès/1 000 naissances vivantes. Féminin : 18,99 décès/1 000 naissances vivantes (est. 2023).

Espérance de vie à la naissance

Population totale : 71,88 ans. Hommes : 67,97 ans. Femmes : 76,02 ans (est. 2023).

Taux de fécondité total

1,89 enfant/femme (est. 2023).

Taux de reproduction brut

0,92 (est. 2023).

Source d'eau potable

Améliorée : urbaine : 97,8 % de la population. Rurale : 89,1 % de la population. Totale : 94,5 % de la population.

Non améliorée : urbaine : 2,2 % de la population. Rurale : 10,9 % de la population. Totale : 5,5 % de la population (est. 2020).

Dépenses de santé courantes

Non renseigné.

Densité de médecins

3,68 médecins/1 000 habitants (2017).

Accès aux sanitaires

Amélioré : urbain : 92,7 % de la population. Rural : 73,1 % de la population. Totale : 85,3 % de la population. Non amélioré : urbain : 7,3 % de la population. Rural : 26,9 % de la population. Totale : 14,7 % de la population (est. 2020).

Dépenses d'éducation

Non renseigné.

Alphabétisation

Définition : 15 ans et plus savent lire et écrire.

Population totale : 100 %. Hommes : 100 %. Femmes : 100 % (2015).

Taux de chômage des jeunes (15-24 ans)

Total : 6,1 %. Hommes : 5,4 %. Femmes : 6,9 % (est. 2021).

ENVIRONNEMENT

Enjeux actuels

Pollution de l'eau. Approvisionnement insuffisant en eau potable. Maladies d'origine hydrique. Déforestation. Érosion et dégradation des sols.

Environnement – accords internationaux

Adhésion à : Traité sur l'Antarctique, biodiversité, changement climatique, changement climatique (Protocole de Kyoto), changement climatique (Accord de Paris), désertification, modification de l'environnement, déchets dangereux, protection de la couche d'ozone, pollution par les navires, zones humides. Signé, mais non ratifié : Antarctique, protection de l'environnement, loi de la mer.

Polluants atmosphériques

Émissions de particules : 30,4 microgrammes par m^3 (est. 2016). Émissions de dioxyde de carbone : 28,28 mégatonnes (est. 2016). Émissions de méthane : 18,68 mégatonnes (est. 2020).

Climat

Tempéré, avec des précipitations concentrées en été. Des hivers longs et rigoureux.

Insécurité alimentaire

Manque généralisé d'accès : en raison de faibles niveaux de consommation alimentaire, d'une faible diversité alimentaire et d'un ralentissement économique, une grande partie de la population souffre de faibles niveaux de consommation alimentaire et d'une très faible diversité alimentaire. Les contraintes économiques, résultant notamment de l'impact mondial de la pandémie de Covid-19, ont accru la vulnérabilité de la population à l'insécurité alimentaire. Le déficit alimentaire est estimé à environ 860 000 tonnes, ce qui équivaut à environ 2-3 mois d'utilisation alimentaire ; si ce déficit n'est pas suffisamment couvert par les importations commerciales et/ou l'aide alimentaire, les ménages pourraient connaître une période de soudure difficile (2022).

Prélèvement total d'eau

Municipal : 902,8 millions de m^3 (est. 2017). Industriel : 1,145 milliard de m^3 (est. 2017). Agricole : 6,61 milliards de m^3 (est. 2017).

Ressources en eau renouvelables totales

77,2 milliards de m^3 (est. 2019).

GOUVERNEMENT

Nom du pays

Forme conventionnelle longue : République populaire démocratique de Corée. Forme conventionnelle courte : Corée du Nord. Forme locale longue : Choson-minjujuui-inmin-konghwaguk. Forme locale courte : Choson. Abréviation : RPDC. Étymologie : dérivé du nom chinois de Goryeo, qui était la dynastie coréenne qui a uni la péninsule au xe siècle après J.-C. Le nom nord-coréen « Choson » signifie « Terre du matin calme ».

Type de gouvernement

Dictature. État à parti unique. Idéologie officielle de l'État du « Juche » ou de « l'autonomie nationale ».

Capitale

Nom : Pyongyang. Étymologie : le nom se traduit par « terre plate » en coréen.

Divisions administratives

9 provinces (*do*, singulier et pluriel) et 4 villes à administration spéciale (*si*, singulier et pluriel). Provinces : Chagang, Hambuk (Nord Hamgyong), Hamnam (Sud Hamgyong), Hwangbuk (Nord Hwanghae), Hwangnam (Sud Hwanghae), Kangwon, P'yongbuk (Nord Pyongan), P'yongnam (Sud Pyongan), Ryanggang. Villes à administration spéciale : Kaesong, Nampo, Pyongyang, Rason.

Indépendance

15 août 1945 (du Japon).

Fête nationale

Fondation de la République populaire démocratique de Corée (RPDC), 9 septembre (1948).

Constitution

Histoire: précédentes 1948, 1972, dernière adoptée en 1998 (durant l'ère Kim Jong-Il). Amendements: proposés par l'Assemblée populaire suprême (ASP). Le passage nécessite un vote à la majorité des deux tiers du total des membres de l'ASP; révisés plusieurs fois, derniers en 2019.

Système légal

Système de droit civil basé sur le modèle prussien. Système influencé par les traditions japonaises et la théorie juridique communiste.

Participation à des organisations de droit international

N'a pas soumis de déclaration de compétence à la Cour internationale de justice (CIJ). État non-membre de la Cour pénale internationale (CPI).

Citoyenneté

Nationalité par naissance: non. Nationalité uniquement par filiation: au moins un parent doit être citoyen de la Corée du Nord. Double nationalité reconnue: non. Condition de résidence pour la naturalisation: inconnue.

Droit de vote

17 ans.

Exécutif

Chef d'État: président de la Commission des Affaires d'État Kim Jong-Un (depuis le 17 décembre 2011).

Note. La Corée du Nord a révisé sa constitution en 2019 pour définir «le président de la Commission des affaires d'État» comme «le chef suprême qui représente l'État», remplit les fonctions de commandant en chef et de directeur général; les titres spécifiques associés à cette fonction ont changé plusieurs fois sous le mandat de Kim, cependant, Kim Jong-Un est le chef suprême depuis la mort de son père en 2011.

Chef du gouvernement : président de l'Assemblée populaire suprême Choe Ryong Hae (depuis le 11 avril 2019).

Note. Fonctionne en tant que chef d'État technique et exerce des fonctions connexes, telles que recevoir les lettres de créance des ambassadeurs (2021).

Cabinet : membres du cabinet ou du Naegak nommés par l'Assemblée populaire suprême, à l'exception du ministre des Forces armées populaires.

Élections/nominations : chef de l'État et Premier ministre élus au suffrage indirect par l'Assemblée populaire suprême ; dernière élection le 10 mars 2019 (prochaine en mars 2024).

Résultats des élections : Kim Jong-Un réélu sans opposition.

Note 1 : Les titres de Kim Jong-Un incluent président de la Commission militaire centrale du Parti des travailleurs de Corée, président de la Commission des affaires étrangères, représentant suprême du peuple coréen et secrétaire général du Parti des travailleurs de Corée.

Note 2 : Le Parti des travailleurs coréens continue de répertorier les dirigeants décédés Kim Il-Sung et Kim Jong-Il comme président éternel et secrétaire général éternel respectivement.

Législatif

Description. Assemblée populaire suprême monocamérale ou Ch'oego Inmin Hoeui. 687 sièges. Membres directement élus au scrutin majoritaire à 2 tours si nécessaire pour des mandats de 5 ans. Le Parti des travailleurs coréens sélectionne tous les candidats.

Élections. Dernière tenue le 10 mars 2019. Prochaine en mars 2024.

Résultats des élections. Sièges par parti – KWP : 607, KSDP : 50, Parti Chondoist Chongu : 22, Association générale des résidents coréens au Japon (Chongryon) : 5, associations religieuses : 3. Le parti au pouvoir approuve une liste de candidats qui sont élus sans opposition. Composition en mars 2022 – hommes : 566, femmes : 121.

Note. Le KWP, le KSDP, le parti Chondoist Chongu et Chongryon sont sous le contrôle du KWP ; un nombre symbolique de sièges réservés aux petits partis.

Judiciaire

Plus hautes juridictions. Cour suprême ou Cour centrale (composée d'un juge et de 2 « assesseurs du peuple » ou, dans certains cas, de 3 juges).

Sélection des juges et durée du mandat. Juges élus par l'Assemblée populaire suprême pour un mandat de 5 ans.

Partis politiques et dirigeants

Principaux partis. Parti des travailleurs coréens ou KWP (Kim Jong-Un, secrétaire général). Association générale des résidents coréens au Japon (Chongryon) (Ho Chong Man).

Petits partis. Parti chondoïste Chongu (Ri Myong Chol) (sous le contrôle du KWP). Parti social-démocrate ou KSDP (Pak Yong-Il) (sous le contrôle du KWP).

Description du drapeau

Trois bandes horizontales bleues (en haut), rouges (triple largeur) et bleues. La bande rouge est bordée de blanc. Du côté mât de la bande rouge se trouve un disque blanc avec une étoile rouge à cinq branches. La large bande rouge symbolise les traditions révolutionnaires. Les bandes blanches étroites représentent la pureté, la force et la dignité. Les bandes bleues signifient la souveraineté, la paix et l'amitié. L'étoile rouge représente le socialisme.

Symboles nationaux

Étoile rouge, Chollima (cheval ailé). Couleurs nationales : rouge, blanc, bleu.

Hymne national

Aegukka (chanson patriotique). Paroles/musique : Pak Se Yong/Kim Won-Gyun.

Adoptés en 1947, les hymnes de la Corée du Nord et de la Corée du Sud partagent le même nom et ont une mélodie vaguement similaire mais ont des paroles différentes. L'hymne nord-coréen est également connu sous le nom de *Ach'imun pinnara* (Laissez le matin briller).

Patrimoine national

Total des sites du patrimoine mondial : 2 sites (culturels). Sélectionnés pour les sites du patrimoine mondial : complexe des tombes de Koguryo, monuments et sites historiques à Kaesong.

ÉCONOMIE

Aperçu

L'une des dernières économies planifiées. Durement touchée par le Covid-19, les mauvaises récoltes, les sanctions internationales et les politiques isolationnistes. Baisse de la croissance et du commerce, et forte dépendance vis-à-vis de la Chine. Faible stabilité du taux de change. Problèmes d'intégrité des données économiques.

PIB réel (parité de pouvoir d'achat)

40 milliards de dollars (est. 2015). La Corée du Nord ne publie pas de données fiables sur les comptes nationaux des revenus. Les données présentées sont dérivées des estimations du PIB en parité de pouvoir d'achat (PPA) qui ont été faites par Angus Maddison dans une étude menée pour l'OCDE. Son chiffre pour 1999 a été extrapolé à 2015 en utilisant les taux de croissance réels estimés du PIB de la Corée du Nord et un facteur d'inflation basé sur le déflateur du PIB américain. Les résultats ont été arrondis aux 10 milliards de dollars les plus proches.

Taux de croissance du PIB réel

-1,1 % (est. 2015).

PIB réel par habitant

1 700 $ (est. 2015).

Taux d'inflation (prix à la consommation)

Non renseigné.

PIB – composition, par secteur d'origine

Agriculture : 22,5 % (est. 2017). Industrie : 47,6 % (est. 2017). Services : 29,9 % (est. 2017).

PIB – composition, par utilisation finale

Consommation des ménages : non renseigné (est. 2014). Consommation gouvernementale : non renseigné (est. 2014). Investissement en capital fixe : non renseigné (est. 2014). Investissement en stocks : non renseigné (est. 2014). Exportations de biens et services : 5,9 % (est. 2016). Importations de biens et services : -11,1 % (est. 2016).

Production agricole

Riz, maïs, légumes, pommes, pommes de terre, choux, fruits, patates douces, haricots, soja.

Industries

Produits militaires. Construction de machines, énergie électrique, produits chimiques. Exploitation minière (charbon, minerai de fer, calcaire, magnésite, graphite, cuivre, zinc, plomb et métaux précieux). Métallurgie. Textiles. Transformation alimentaire. Tourisme.

Taux de croissance de la production industrielle

1 % (est. 2017).

Force de travail

17,16 millions (est. 2021).

Population active – par profession

Agriculture : 37 %. Industrie : 63 % (est. 2008).

Taux de chômage

2,59 % (est. 2021). 2,92 % (est. 2020). 2,59 % (est. 2019).

Taux de chômage des jeunes (15-24 ans)

Total : 6,1 %. Hommes : 5,4 %. Femmes : 6,9 % (est. 2021).

Budget

Revenus : 3,2 milliards de dollars (est. 2007). Dépenses : 3,3 milliards de dollars (est. 2007).

Excédent (+) ou déficit (–) budgétaire

-0,4 % (du PIB) (est. 2007).

Impôts et autres revenus

11,4 % (du PIB) (est. 2007).

Exportations

222 millions de dollars (2018).

Exportations – partenaires

Chine 67 %. Suriname 6 % (2019).

Exportations – produits de base

Composants de montres, faux cheveux, alliages de fer, modèles pédagogiques, tungstène (2019).

Importations

2,32 milliards de dollars (est. 2018). 3,86 milliards de dollars (est. 2016).

Importations – partenaires

Chine 96 % (2019).

Importations – marchandises

Vêtements et habillement, huile de soja, riz, produits du blé, horloges/montres (2019).

Dette externe

5 milliards de dollars (est. 2013).

Taux d'échange

Won nord-coréen (KPW) par dollar américain (taux moyen du marché) : 135 (est. 2017).

ÉNERGIE

Accès à l'électricité

Électrification – population totale : 26 % (2019). Électrification – zones urbaines : 36 % (2019). Électrification – zones rurales : 11 % (2019).

Électricité

Capacité de production installée : 8,413 millions de kW (est. 2020). Consommation : 13 930 320 000 kWh (est. 2019). Exportations : 0 kWh (est. 2020). Importations : 0 kWh (est. 2020). Pertes de transport/distribution : 2,146 milliards de kWh (est. 2019).

Sources de production d'électricité

Combustibles fossiles : 15,8 % de la capacité totale installée (est. 2020). Nucléaire : 0 % de la capacité totale installée (est. 2020). Solaire : 0,1 % de la capacité totale installée (est. 2020). Éolien : 0 % de la capacité totale installée (est. 2020). Hydroélectricité : 84,1 % de la capacité installée totale (est. 2020). Marée et vagues : 0 % de la capacité installée totale (est. 2020). Géothermie : 0 % de la capacité installée totale (est. 2020). Biomasse et déchets : 0 % de la capacité totale installée (est. 2020).

Charbon

Production : 16,376 millions de tonnes métriques (est. 2020). Consommation : 6,698 millions de tonnes métriques (est. 2020). Exportations : 0 tonne métrique (est. 2020). Importations : 22 000 tonnes métriques (est. 2020). Réserves prouvées : 600 millions de tonnes métriques (est. 2019).

Pétrole

Production totale de pétrole : 0 baril/jour (est. 2021). Consommation de pétrole raffiné : 20 300 barils/jour (est. 2019). Exportations de pétrole brut et de condensat de location : 0 baril/jour (est. 2018). Importations de pétrole brut et de condensat de location : 10 600 barils/jour (est. 2018). Réserves estimées de pétrole brut : 0 baril (est. 2021).

Produits pétroliers raffinés – production

11 270 barils/jour (est. 2015).

Produits pétroliers raffinés – exportations

0 baril/jour (est. 2015).

Produits pétroliers raffinés – importations

8 260 barils/jour (est. 2015).

Gaz naturel

Production : 0 m^3 (est. 2021). Consommation : 0 m^3 (est. 2021). Exportations : 0 m^3 (est. 2021). Importations : 0 m^3 (est. 2021). Réserves prouvées : 0 m^3 (est. 2021).

Émissions de dioxyde de carbone

18,465 millions de tonnes métriques de CO_2 (est. 2019). Provenant du charbon et du coke métallurgique : 15,252 millions de tonnes métriques de CO_2 (est. 2019). Provenant du pétrole et d'autres liquides : 3,213 millions de tonnes métriques de CO_2 (est. 2019). Provenant du gaz naturel consommé : 0 tonne métrique de CO_2 (est. 2019).

Consommation d'énergie par habitant

12,61 millions de Btu/personne (est. 2019).

COMMUNICATION

Systèmes de télécommunications

Après des années d'isolationnisme et de sous-performance économique, la Corée du Nord se trouve en bas de l'indice de télécommunication mondial aux côtés de l'Afghanistan et du Turkménistan (qui se trouvent également à lutter sous des régimes politiques répressifs). Les obstacles à la construction d'un réseau télécom fonctionnel sont si nombreux qu'un segment fixe existe à peine. On estime que les communications mobiles ont légèrement diminué pour atteindre 19 % en 2021, mais le coût élevé de possession associé à une censure stricte fait des communications mobiles le domaine exclusif des hauts fonctionnaires et des diplomates. Pour les citoyens vivant à proximité de la Chine, il a été possible d'obtenir des combinés et des cartes SIM chinois, et de se connecter à des tours (illégalement) situées juste de l'autre côté de la frontière. Bien que cela offre un accès au monde extérieur et à des prix bien inférieurs à ceux des offres contrôlées par l'État, les risques sont élevés : amendes élevées et possibilité d'une peine de prison. La Corée du Nord a été légèrement plus efficace dans la construction d'un secteur informatique et d'une économie numérique naissante grâce à un effort concerté pour développer une main-d'œuvre informatique importante et bien formée. Mais, même ici, ses capacités ont été davantage orientées vers des activités néfastes telles que la cybercriminalité et le piratage des systèmes informatiques des pays occidentaux. La détermination de la Corée du Nord à se mettre hors-jeu avec le reste du monde dans la poursuite de son idéologie ne peut que conduire à des contrôles plus stricts sur les communications à l'intérieur et à l'extérieur du pays (2022).

Domestique. Les lignes fixes sont d'environ 5 pour 100 et les mobiles-cellulaires 23 pour 100 personnes (2020).

International. Indicatif de pays : 850 ; stations satellites terriennes : 2 (1 Intelsat – océan Indien, 1 Russie – région océan Indien) ; autres connexions internationales *via* Moscou et Pékin.

Note. La pandémie de Covid-19 continue d'avoir un impact significatif sur les chaînes de production et d'approvisionnement à l'échelle mondiale. Depuis 2020, certains pans du secteur des télécoms connaissent un ralentissement, notamment la production d'appareils mobiles. Les progrès vers la mise en œuvre de la 5G ont repris, ainsi que les mises à niveau de l'infrastructure. Les dépenses des consommateurs en services de télécommunications ont augmenté en raison de l'augmentation de la demande de capacité et de bande passante. La nature cruciale des services de télécommunications en tant qu'outil pour le travail et l'école à domicile est toujours évidente, et le pic dans ce domaine a vu des opportunités de croissance pour le développement de nouveaux outils et des services accrus.

Médias de diffusion

Pas de médias indépendants. Les radios et les téléviseurs sont préréglés sur les stations gouvernementales. 4 chaînes de télévision appartenant au gouvernement. Le Parti des travailleurs coréens possède et exploite la station de radiodiffusion centrale coréenne, et la Voix de la Corée, gérée par l'État, exploite un service de radiodiffusion externe. Le gouvernement interdit l'écoute et brouille les émissions étrangères (2019).

TRANSPORTS

Système national de transport aérien

Nombre de transporteurs aériens immatriculés : 1 (2020).

Aéroports

82 (2021).

Héliports

23 (2021).

Pipelines

6 km huile (2013).

Chemins de fer

7 435 km (2014).

Chaussées

25 554 km (2006).

Voies navigables

2 250 km (2011) (la plupart navigables uniquement par de petites embarcations).

Marine marchande

Total : 264. Par type : 8 vraquiers, 5 porte-conteneurs, 189 cargos, 33 pétroliers. Autres : 29 (2021).

Ports et terminaux

Principaux ports maritimes : Ch'ongjin, Haeju, Hungnam, Namp'o, Songnim, Sonbong (anciennement Unggi), Wonsan.

MILITAIRE ET SÉCURITÉ

Forces militaires et de sécurité

Armée populaire coréenne (KPA) : forces terrestres KPA, marine KPA, forces aériennes et de défense aérienne KPA, forces stratégiques KPA (forces de missiles), forces spéciales KPA (forces d'opérations spéciales). Commandement des gardes de sécurité (alias Commandement des gardes du corps), Commandement de la sécurité militaire. Ministère de la Sécurité sociale (anciennement ministère de la Sécurité publique) : bureau général des gardes-frontières, forces de sécurité civile. Ministère de la Sécurité de l'État : sécurité interne, enquêtes (2022).

Note 1. La Corée du Nord recourt à un chevauchement systématique et intentionnel des pouvoirs et des responsabilités entre ses multiples organisations de sécurité interne afin d'empêcher toute consolidation potentielle du pouvoir par des subordonnés et de garantir que chaque unité assure un contrôle et un équilibre sur l'autre.

Note 2. Le Commandement des gardes de sécurité protège la famille Kim, d'autres hauts dirigeants et les installations gouvernementales.

Note 3. Le Nord dispose également d'une importante force paramilitaire/milice organisée en Garde rouge ouvrière paysanne et Garde rouge de la jeunesse. Ces organisations sont présentes à tous les niveaux de gouvernement (province, comté, quartier) et sont sous le contrôle du Parti des travailleurs coréens en temps de paix, mais reviennent sous le contrôle du KPA en cas de crise ou de guerre. Elles sont souvent mobilisées pour des projets nationaux, tels que la construction de routes et le soutien agricole.

Dépenses militaires

Entre 2010 et 2019, les dépenses militaires représentaient environ 20 à 25 % du PIB annuel de la Corée du Nord. La Corée du Nord dans les années 2010 et 2020 s'est de plus en plus appuyée sur des activités illicites – y compris la cybercriminalité – pour générer des revenus pour ses programmes d'armes de destruction massive et de missiles balistiques afin d'échapper aux sanctions américaines et onusiennes.

Points forts du personnel militaire et des services de sécurité

Les informations varient considérablement : estimé à 1,15 million de soldats actifs (950 000 armée, 120 000 armée de l'air, 60 000 marine, 10 000 forces de missiles stratégiques), estimé à 200 000 membres des forces de sécurité intérieure (2022).

Inventaires et acquisitions d'équipements militaires

Le KPA est équipé de systèmes d'armes plus anciens acquis à l'origine auprès de l'ex-Union soviétique, de la Russie et de la Chine, et de certains équipements produits dans le pays. La Corée du Nord produit une gamme variée de matériel militaire, notamment des armes légères, des munitions, des véhicules blindés légers, des chars, des navires de guerre et des sous-marins, ainsi que certains systèmes d'armes avancés, tels que des missiles de croisière et balistiques. La plupart sont des copies ou des mises à niveau d'anciens équipements fournis à l'étranger (2022).

Note. Depuis 2006, le Conseil de sécurité de l'ONU a adopté près d'une douzaine de résolutions sanctionnant la Corée du Nord pour avoir développé des armes nucléaires et des activités connexes, à commencer par la résolution 1718, qui a condamné le premier essai nucléaire du Nord et imposé des sanctions sur la fourniture d'armes lourdes (y compris des chars, des blindés véhicules de combat, artillerie de gros calibre, avions de combat, hélicoptères d'attaque, navires de guerre, missiles et lanceurs de missiles), technologie et matériel de missiles, et certains produits de luxe. Des résolutions supplémentaires ont été élargies pour inclure toutes les armes, y compris les armes légères et de petit calibre. Les États-Unis et d'autres pays ont également imposé des sanctions unilatérales.

Âge et obligation du service militaire

17 ans pour le service militaire obligatoire pour les hommes et les femmes. Obligation de service 7 ans pour les hommes, 5 ans pour les femmes (2022).

Note. Le gros du KPA est composé de conscrits ; jusqu'à 20 % des hommes nord-coréens âgés de 16 à 54 ans sont dans l'armée à un moment donné et peut-être jusqu'à 30 % des hommes âgés de 18 à 27 ans, sans compter les réserves ou les unités paramilitaires.

Remarque

En plus de l'invasion de la Corée du Sud et de la guerre de Corée qui a suivi (1950-1953), la Corée du Nord, des années 1960 aux années 1980, a lancé un nombre considérable d'actions militaires et subversives limitées contre la Corée du Sud en utilisant des forces spéciales et des tactiques terroristes, comme des escarmouches agressives le long de la DMZ, des tentatives manifestes d'assassinat de dirigeants sud-coréens, des enlèvements, le bombardement d'un avion de ligne et un effort raté en 1968 pour fomenter une insurrection et mener une guérilla dans le Sud avec plus de 100 commandos maritimes. Des années 1990 à 2010, le Nord a perdu deux sous-marins et un bateau semi-submersible tentant d'insérer des infiltrés dans le Sud (1996, 1998) et a provoqué plusieurs engagements dans la région des îles du Nord-Ouest le long de la ligne de limite nord (NLL) contestée, y compris des accrochages navals entre patrouilleurs en 1999 et 2002, le torpillage et le naufrage d'une corvette de la marine sud-coréenne en 2010, et le bombardement d'une installation du corps des marines sud-coréen sur l'île de Yeonpyeong, également en 2010. Depuis 2010, d'autres incidents mineurs continuent de se produire périodiquement le long de la DMZ, où le KPA et l'armée sud-coréenne maintiennent un grand nombre de troupes.

En 2018, la Corée du Nord et la Corée du Sud ont signé un accord de réduction des tensions connu sous le nom d'Accord militaire global (CMA), qui a établi des zones tampons terrestres, maritimes et aériennes le long de la DMZ et de la NLL. La mise en œuvre de la CMA a nécessité le retrait de certaines mines terrestres et de postes de garde. Les efforts ont conduit à une réduction de la tension dans la DMZ, mais à partir de 2022 la Corée du Nord n'a pas respecté l'essentiel de sa partie de l'accord.

Le KPA a été fondé en 1948. Kim Jong-Un en est le commandant suprême, tandis que le contrôle opérationnel des forces armées réside dans le Département d'état-major général (GSD), qui relève directement de Kim. Le GSD maintient le contrôle global de toutes les forces militaires et est chargé de transformer les directives de Kim en ordres militaires opérationnels. Le ministère de la Défense nationale (MND) est responsable du contrôle administratif de l'armée et des relations extérieures avec les militaires étrangers.

En 2022, le programme de missiles balistiques de la Corée du Nord, en pleine expansion, comprenait des missiles balistiques à portée rapprochée (CRBM), courte (SRBM), moyenne (MRBM), intermédiaire (IRBM) et intercontinentale (ICBM). Le Nord a reçu ses premiers missiles balistiques, les FROG à courte portée (fusée libre au-dessus du sol), de l'Union soviétique dans les années 1960, mais on pense généralement que son programme de missiles balistiques modernes remonte au milieu des années 1970 lorsqu'il a reçu un missile soviétique de classe Scud, probablement d'Égypte. Le Nord a procédé à la rétro-ingénierie du missile et a développé une version construite localement en 1984; il a testé en vol son premier missile Nodong à moyenne portée basé sur Scud en 1990 et a probablement commencé le développement des missiles Taepodong à plusieurs étages à cette époque également. Le Nord a dévoilé son premier ICBM mobile sur route en 2012 et a effectué le premier test d'un système de classe ICBM en 2017.

QUESTIONS INTERNATIONALES

Litiges internationaux

Corée du Nord-Chine: risquant l'arrestation, l'emprisonnement et la déportation, des dizaines de milliers de Nord-Coréens traversent la Chine pour échapper à la famine, aux privations économiques et à l'oppression politique. La Corée du Nord et la Chine se disputent la souveraineté de certaines îles des fleuves Yalu et Tumen.

Corée du Nord-Japon: la Corée du Nord soutient la Corée du Sud dans le rejet de la revendication japonaise sur les rochers de Liancourt (Tok-do/Take-shima).

Corée du Nord-Corée du Sud: la ligne de démarcation militaire dans la zone démilitarisée de 4 km de large sépare la Corée du Nord de la Corée du Sud depuis 1953. Incidents périodiques dans la mer Jaune avec la Corée du Sud qui revendique la ligne de limitation nord comme frontière maritime.

Réfugiés et déplacés internes

PDI : indéterminé (2021).

Traite des personnes

Niveau d'évaluation. Niveau 3 – le gouvernement de la Corée du Nord ne respecte pas entièrement les normes minimales pour l'élimination de la traite et ne fait pas d'efforts significatifs pour y parvenir. Au cours de la période considérée, il y a eu une politique gouvernementale ou un modèle de travail forcé d'adultes et d'enfants dans des camps de prisonniers, des centres de formation par la main-d'œuvre, et d'imposition de conditions de travail forcé aux travailleurs contractuels nord-coréens à l'étranger. Le gouvernement n'a fait aucun effort pour lutter contre la traite des êtres humains (2020).

Profil de la traite. La Corée du Nord est un pays source pour les hommes, les femmes et les enfants qui sont soumis au travail forcé, au mariage forcé et au trafic sexuel. Dans un passé récent, de nombreuses femmes et filles nord-coréennes attirées par des promesses de nourriture, d'emplois et de liberté ont émigré illégalement en Chine pour échapper à de mauvaises conditions sociales et économiques et sont contraintes à la prostitution, au mariage ou à des conditions de travail exploitantes. Les Nord-Coréens n'ont pas le choix du travail que le gouvernement leur confie et ne sont pas libres de changer d'emploi à volonté. De nombreux travailleurs nord-coréens recrutés pour travailler à l'étranger dans le cadre de contrats bilatéraux avec des gouvernements étrangers sont soumis au travail forcé et subiraient des représailles du gouvernement s'ils tentent de s'échapper ou de se plaindre à des étrangers. Des milliers de Nord-Coréens, dont des enfants, sont soumis au travail forcé dans des camps de prisonniers.

Médicaments illicites

À l'heure actuelle, il n'y a pas suffisamment d'informations pour déterminer le niveau actuel d'implication des responsables gouvernementaux dans la production ou le trafic de drogues illicites, mais pendant des années, des années 1970 aux années 2000, des citoyens de Corée du Nord, dont beaucoup étaient des employés diplomatiques du gouvernement, ont été appréhendés à l'étranger alors qu'ils trafiquaient des stupéfiants. Des enquêtes policières à Taïwan, au Japon et en Australie au cours de cette période ont lié la Corée du Nord à d'importantes cargaisons illicites d'héroïne et de méthamphétamine.

IRAN

CONTEXTE HISTORIQUE

Connu sous le nom de Perse jusqu'en 1935, l'Iran est devenu une république islamique en 1979 après le renversement de la monarchie au pouvoir et le Shah Mohammad Reza Pahlavi contraint à l'exil. Les forces cléricales conservatrices dirigées par l'ayatollah Ruhollah Khomeini ont établi un système de gouvernement théocratique avec l'autorité politique ultime conférée à un érudit religieux communément appelé le guide suprême qui, selon la constitution, n'est responsable que devant l'Assemblée des experts – un organe de 88 clercs élu par le peuple. Les relations américano-iraniennes se sont tendues lorsqu'un groupe d'étudiants iraniens s'est emparé de l'ambassade des États-Unis à Téhéran en novembre 1979 et a retenu en otage le personnel de l'ambassade jusqu'à la mi-janvier 1981. Les États-Unis ont rompu leurs relations diplomatiques avec l'Iran en avril 1980. Au cours de la période 1980-1988, l'Iran a mené une guerre meurtrière et décisive contre l'Irak, qui s'est étendue au golfe Persique et a donné lieu à des affrontements entre la marine américaine et les forces militaires iraniennes. L'Iran a été désigné comme État parrain du terrorisme et a fait l'objet de sanctions économiques et de contrôles des exportations par les États-Unis, l'ONU et l'UE en raison de son implication continue dans le terrorisme et des inquiétudes concernant d'éventuelles dimensions militaires de son programme nucléaire jusqu'à la mise en œuvre en 2016 du Plan d'action global conjoint (JCPOA). Les États-Unis ont commencé à réimposer progressivement des sanctions à l'Iran après le retrait américain du JCPOA en mai 2018.

À la suite de l'élection du réformateur Hojjat al-Eslam Mohammad Khatami à la présidence en 1997 et d'un Majles (législatif) réformiste en 2000, une campagne visant à favoriser la réforme politique en réponse au mécontentement populaire a été lancée. Le mouvement a échoué alors que les politiciens conservateurs, soutenus par le guide suprême, des institutions d'autorité non élues comme le Conseil des gardiens, et les services de sécurité ont annulé et bloqué les mesures de réforme tout en augmentant la répression sécuritaire. Commençant par des élections municipales nationales en 2003 et poursuivant par les élections de Majles en 2004, les conservateurs ont rétabli le contrôle sur les institutions gouvernementales élues de l'Iran, ce qui a culminé avec l'investiture en août 2005 de l'extrémiste Mahmud Ahmadi-Nejad en tant que président. Sa réélection controversée en juin 2009 a déclenché des protestations à l'échelle nationale contre des allégations de fraude électorale, mais les protestations ont été rapidement réprimées. La détérioration des conditions économiques due principalement à la mauvaise gestion du gouvernement et aux sanctions internationales a provoqué au moins deux grandes manifestations économiques en juillet et octobre 2012, mais la situation de la sécurité intérieure de l'Iran est restée stable. La tendance indépendante du président Ahmadi-Nejad a irrité les personnalités de l'establishment du régime, y compris le guide suprême, ce qui a conduit à une opposition conservatrice à son programme pour la dernière année de sa présidence et à une aliénation de ses partisans politiques. En juin 2013, les Iraniens ont élu à la présidence un religieux centriste, le Dr Hasan Fereidun Ruhani. Membre de longue date du régime, il a fait des promesses de réforme de la société et de la politique étrangère de l'Iran. En juillet 2015, l'Iran et les cinq membres permanents, plus l'Allemagne (P5+1), ont signé le JCPOA en vertu duquel l'Iran a accepté des restrictions sur son programme nucléaire en échange d'un allégement des sanctions. Cependant, les États-Unis ont réimposé les sanctions en 2018, portant un coup à l'héritage de Ruhani et à l'économie iranienne. Les négociations pour rétablir l'accord ont commencé en 2021 et sont en cours. L'Iran a organisé des élections en février 2020 pour le Majles et le président en juin 2021, ce qui a abouti à un monopole pur et dur sur les institutions élues et non élues du régime. Le président Ebrahim Raisi est un religieux intransigeant avec une carrière de plusieurs décennies dans le système judiciaire iranien et une politique étrangère et une expérience économique limitées.

GÉOGRAPHIE

Emplacement

Moyen-Orient, bordant le golfe d'Oman, le golfe Persique et la mer Caspienne, entre l'Irak et le Pakistan.

Superficie

1 648 195 km^2. Terre : 1 531 595 km^2. Eau : 116 600 km^2.

Frontières terrestres

5 894 km. 7 pays frontaliers : Afghanistan (921 km), Arménie (44 km), Azerbaïdjan (689 km), Irak (1 599 km), Pakistan (959 km), Turquie (534 km), Turkménistan (1 148 km).

Littoral

2 440 km.

Revendications maritimes

Mer territoriale : 12 milles nautiques. Zone contiguë : 24 milles nautiques. Zone économique exclusive : accords bilatéraux ou lignes médianes dans le golfe Persique. Plateau continental : prolongement naturel.

Climat

Principalement aride ou semi-aride, subtropical le long de la côte caspienne.

Terrain

Bord accidenté et montagneux, haut bassin central avec déserts, montagnes, petites plaines discontinues le long des deux côtes.

Altitude

Point culminant : Kuh-e Damavand, 5 625 m. Point le plus bas : mer Caspienne, -28 m. Altitude moyenne : 1 305 m.

Ressources naturelles

Pétrole, gaz naturel, charbon, chrome, cuivre, minerai de fer, plomb, manganèse, zinc, soufre.

Utilisation des terres

Terres agricoles : 30,1 % (est. 2018). Terres arables : 10,8 % (est. 2018). Cultures permanentes : 1,2 % (est. 2018). Pâturages permanents : 18,1 % (est. 2018). Forêt : 6,8 % (est. 2018). Autres : 63,1 % (est. 2018).

Terre irriguée

79 721 km^2 (2020).

Risques naturels

Sécheresses périodiques, inondations, tempêtes de poussière, tempêtes de sable, tremblements de terre.

POPULATION ET SOCIÉTÉ

Population

87 590 873 (est. 2023).

Groupes ethniques

Tribus perses, azéries, kurdes, lurs, baloutches, arabes, turkmènes et turques.

Langues

Persan farsi (officiel), azéri et autres dialectes turcs, kurde, gilaki et mazandarani, luri, baloutche, arabe.

Religions

Musulmans (officiel) : 99,6 % (chiites 90-95 %, sunnites 5-10 %). Autres (y compris zoroastriens, juifs et chrétiens) : 0,3 %. Non spécifiés : 0,2 % (est. 2016).

Rapports de dépendance

Ratio de dépendance total : 45,3. Ratio de dépendance des jeunes : 34,6. Ratio de dépendance des personnes âgées : 10,7. Ratio de soutien potentiel : 9,3 (est. 2021).

Âge moyen

Total : 31,7 ans. Hommes : 31,5 ans. Femmes : 32 ans (est. 2020).

Taux de croissance de la population

0,93 % (est. 2023).

Taux de natalité

14,79 naissances/1 000 habitants (est. 2023).

Taux de mortalité

5,2 décès/1 000 habitants (est. 2023).

Taux de migration nette

-0,3 migrant/1 000 habitants (est. 2023).

Répartition de la population

La population est concentrée dans le nord, le nord-ouest et l'ouest, reflétant la position des monts Zagros et Elburz. Les vastes zones sèches du centre et de l'est du pays, autour des déserts du Dasht-e Kavir et du Dasht-e Lut, ont une densité de population beaucoup plus faible.

Urbanisation

Population urbaine : 77,3 % de la population totale (2023). Taux d'urbanisation : 1,32 % taux de variation annuel (est. 2020-2025).

Grandes zones urbaines – population

Téhéran (capitale) : 9,500 M d'habitants. Mashhad : 3,368 M d'habitants. Ispahan : 2,258 M d'habitants. Shiraz : 1,721 M d'habitants. Tabriz : 1,661 M d'habitants. Karaj : 1,594 M d'habitants (2023).

Taux de mortalité maternelle

16 décès/100 000 naissances vivantes (est. 2017).

Taux de mortalité infantile

Total : 14,58 décès/1 000 naissances vivantes. Hommes : 15,7 décès/1 000 naissances vivantes. Femmes : 13,4 décès/1 000 naissances vivantes (est. 2023).

Espérance de vie à la naissance

Population totale : 75,44 ans. Hommes : 74,07 ans. Femmes : 76,87 ans (est. 2023).

Taux de fécondité total

1,92 enfant/femme (2023 est.)

Taux de reproduction brut

0,94 (est. 2023).

Source d'eau potable

Améliorée : urbaine : 99,8 % de la population. Rurale : 98,1 % de la population. Totale : 99,4 % de la population.

Non améliorée : urbaine : 0,2 % de la population. Rurale : 1,9 % de la population. Totale : 0,6 % de la population (est. 2020).

Dépenses de santé courantes

5,3 % du PIB (2020).

Densité de médecins

1,58 médecin/1 000 habitants (2018).

Densité des lits d'hôpitaux

1,6 lit/1 000 habitants (2017).

Accès aux sanitaires

Amélioré : urbain : 100 % de la population. Rural : 100 % de la population. Total : 100 % de la population.

Non amélioré : urbain : 0 % de la population (est. 2015). Rural : 0 % de la population. Total : 0 % de la population (est. 2020).

Principales maladies infectieuses

Degré de risque : intermédiaire (2020). Maladies d'origine alimentaire ou hydrique : diarrhée bactérienne. Maladies à transmission vectorielle : fièvre hémorragique de Crimée-Congo.

Note. Un nouveau coronavirus provoque une propagation communautaire soutenue des maladies respiratoires (Covid-19) en Iran. Une propagation communautaire soutenue signifie que des personnes ont été infectées par le virus, mais on ne sait pas comment ni où elles ont été infectées, et la propagation se poursuit. La maladie causée par ce virus a varié de légère à grave avec des décès signalés. Au 9 décembre 2022, l'Iran a signalé un total de 7 559 999 cas de Covid-19 ou 9 000,75 cas cumulés de Covid-19 pour 100 000 habitants avec un total de 144 649 décès cumulés ou un taux de 172,2 décès cumulés pour 100 000 habitants. Au 4 décembre 2022, 73,52 % de la population a reçu au moins une dose de vaccin Covid-19.

Dépenses d'éducation

3,6 % du PIB (est. 2020).

Alphabétisation

Définition : 15 ans et plus savent lire et écrire.

Population totale : 85,5 %. Hommes : 90,4 %. Femmes : 80,8 % (2016).

Taux de chômage des jeunes (15-24 ans)

Total : 27,2 %. Hommes : 24 %. Femmes : 41,7 % (est. 2021).

ENVIRONNEMENT

Enjeux actuels

Pollution de l'air, en particulier dans les zones urbaines, due aux émissions des véhicules, aux opérations de raffinage et aux effluents industriels. Déforestation, surpâturage, désertification. Pollution pétrolière dans le golfe Persique. Pertes de zones humides dues à la sécheresse, dégradation des sols (salinisation), approvisionnement insuffisant en eau potable, pollution de l'eau par les eaux usées brutes et les déchets industriels, urbanisation.

Environnement – accords internationaux

Adhésion à : biodiversité, changement climatique, changement climatique (Protocole de Kyoto), désertification, espèces en voie de disparition, déchets dangereux, déversement en mer (Convention de Londres), déversement en mer (Protocole de Londres), interdiction des essais nucléaires, protection de la couche d'ozone, pollution par les navires, marécages.

Signés, mais non ratifiés : changement climatique (Accord de Paris), interdiction complète des essais nucléaires, modification de l'environnement, droit de la mer, conservation de la vie marine.

Polluants atmosphériques

Émissions de particules : 35,09 microgrammes par mètre cube (est. 2016). Émissions de dioxyde de carbone : 661,71 mégatonnes (est. 2016). Émissions de méthane : 158,71 mégatonnes (est. 2020).

Climat

Principalement aride ou semi-aride, subtropical le long de la côte caspienne.

Revenus des ressources forestières

0,01 % du PIB (est. 2017).

Revenus du charbon

0,01 % du PIB (est. 2017).

Déchets et recyclage

Déchets solides municipaux générés annuellement : 17,885 millions de tonnes (est. 2017). Déchets solides municipaux recyclés annuellement : 894 250 tonnes (est. 2017). Pourcentage de déchets solides municipaux recyclés : 5 % (est. 2017).

Prélèvement total d'eau

Municipal : 6,2 milliards de m^3 (est. 2017). Industriel : 1,1 milliard de m^3 (est. 2017). Agricole : 86 milliards de m^3 (est. 2017).

Ressources en eau renouvelables totales

137 milliards de m^3 (est. 2019).

GOUVERNEMENT

Nom du pays

Forme longue conventionnelle : République islamique d'Iran.

Conventionnelle : Iran.

Forme longue locale : Jomhuri-ye Eslami-ye Iran. Forme courte locale : Iran.

Ancien : Perse.

Étymologie : le nom dérive du terme avestan *aryanam* signifiant « Terre des nobles [Ceux de la] ».

Type de gouvernement

République théocratique.

Capitale

Nom : Téhéran. Étymologie : diverses explications du nom de la ville ont été proposées, mais la plus plausible affirme qu'il dérive des mots persans *tah* signifiant « fin ou bas » et *ran* signifiant « pente [de montagne] » pour signifier « bas du versant de la montagne ». Téhéran se trouve au bas de la pente des monts Elbourz.

Divisions administratives

31 provinces (*ostanha*, singulier *ostan*) : Alborz, Ardabil, Azarbayjan-e Gharbi (Azerbaïdjan occidental), Azarbayjan-e Sharqi (Azerbaïdjan oriental), Bushehr, Chahar Mahal va Bakhtiari, Ispahan, Fars, Gilan, Golestan, Hamadan, Hormozgan, Ilam, Kerman, Kermanshah, Khorasan-e Jonubi (Sud Khorasan), Khorasan-e Razavi (Razavi Khorasan), Khorasan-e Shomali (Nord Khorasan), Khuzestan, Kohgiluyeh va Bowyer Ahmad, Kordestan, Lorestan, Markazi, Mazandaran, Qazvin, Qom, Semnan, Sistan va Baluchestan, Téhéran, Yazd, Zanjan.

Indépendance

1er avril 1979 (proclamation de la République islamique d'Iran).

Fête nationale

Jour de la République, 1er avril (1979).

Constitution

Histoire : précédente 1906. Dernière adoptée le 24 octobre 1979, entrée en vigueur le 3 décembre 1979.

Amendements proposés par le chef suprême – après consultation du Conseil d'exigence – et soumis sous forme d'édit au « Conseil de révision de la Constitution », organe composé de divers organes exécutifs, législatifs, dirigeants et membres judiciaires et universitaires. L'adoption nécessite un vote à la majorité absolue lors d'un référendum et l'approbation du chef suprême. Les articles concernant le système politique de l'Iran, sa base religieuse et sa forme de gouvernement ne peuvent être modifiés. Modifiés en 1989.

Système légal

Système juridique religieux basé sur la loi laïque et islamique.

Participation à des organisations de droit international

N'a pas soumis de déclaration de compétence à la CIJ. État non partie à la CPI.

Citoyenneté

Nationalité par naissance : non. Nationalité uniquement par filiation : le père doit être citoyen iranien. Double nationalité reconnue : non. Condition de résidence pour la naturalisation : 5 ans.

Droit de vote

18 ans.

Exécutif

Chef d'État : guide suprême Ali Hoseini-Khamenei (depuis le 4 juin 1989).

Chef du gouvernement : président Ebrahim Raisi (depuis le 18 juin 2021). Vice-président : Mohammad Mokhber (depuis le 8 août 2021).

Cabinet : Conseil des ministres choisi par le président avec approbation législative. Le chef suprême exerce un certain contrôle sur les nominations pour plusieurs ministères.

Élections/nominations : chef suprême nommé à vie par l'Assemblée des experts. Président directement élu à la majorité absolue du vote populaire en 2 tours si nécessaire pour un mandat de 4 ans (éligible pour un second mandat et un mandat supplémentaire non consécutif). Dernière élection le 18 juin 2021 (prochaine en juin 2025).

Résultats des élections : (2021) : Ebrahim Raisi élu président. Pourcentages de votes : Ebrahim Raisi (CCA) : 72,4 %, Mohsen Rezai (RFII) : 13,8 %, Abbdolnaser Hemati (ECP) : 9,8 %, Amir-Hosein Qazizadeh-Hashemi (Parti de la loi islamique) : 4 %.

Législatif

Description : Assemblée consultative islamique monocamérale, ou Majles-e Shura-ye Eslami, ou Majles. 290 sièges. 285 membres élus au suffrage direct dans des circonscriptions à un ou plusieurs sièges au scrutin à 2 tours, et 1 siège chacun pour les zoroastriens, les juifs, les assyriens et les chaldéens chrétiens, Arméniens dans le nord du pays et Arméniens dans le sud (les membres ont un mandat de 4 ans).

Note. Tous les candidats au Majles doivent être approuvés par le Conseil des gardiens, un groupe de 12 membres dont 6 sont nommés par le chef suprême et 6 sont des juristes nommés par le pouvoir judiciaire et élus par le Majles.

Élections. Premier tour tenu le 21 février 2020 et deuxième tour pour les 11 sièges restants tenu le 11 septembre 2020 (prochaine élection complète du Majles en 2024)

Résultats des élections : conservateurs et extrémistes : 226, réformistes : 19, indépendants : 40, minorités religieuses : 5 ; à partir des élections partielles de juin 2021.

Composition : hommes : 274, femmes : 16, pourcentage de femmes : 5,6 %.

Judiciaire

Plus haute juridiction : Cour suprême (composée du juge en chef et organisée en 42 chambres à deux sièges, chacune avec un juge et un juge).

Sélection des juges et durée du mandat : président de la Cour suprême nommé par le chef du Conseil supérieur de la magistrature (HJC), un organe de 5 membres comprenant le juge en chef de la Cour suprême, le procureur général et 3 membres du clergé, en consultation avec les juges de la Cour suprême. Le président est nommé pour un mandat unique de 5 ans renouvelable. Les autres juges sont nommés par le CSM, mandat des juges non renseigné.

Partis politiques et dirigeants

Association des clergés combattants [Mostafa Pourmohammadi] (un groupe politique actif). Cadres du Parti de la construction [Hossein Marashi]. Adeptes de la tutelle du jurisprudent [Ali Larijani]. Front de la stabilité révolutionnaire islamique [Sadegh Mahsouli, secrétaire général]. Parti de la coalition islamique [Asadollah Badamchian]. Islamic Iran Participation Front [associé à l'ancien président Mohammed Khatami]. Parti de la loi islamique. Militant Clerics Society (Majma-e Ruhaniyoun-e Mobarez) ou MRM [Mohammad Mousavi Khoeiniha]. Parti de la modération et du développement [Hassan Rouhani]. Parti de la confiance nationale (Hezb-e E'temad-eMelli) ou HEM [Elias Hazrati]. Parti de l'unité nationale. Coalition omniprésente des réformistes [Ali Sufi, président] (comprend le Conseil de coordination du Front des réformes, le Parti de la confiance nationale, le Parti de l'Union du peuple islamique d'Iran, le Parti de la modération et du développement). Grande coalition des principalistes. Front du progrès, du bien-être et de la justice [Mohammad Saeed Ahadian]. Progrès et Justice population de l'Iran islamique ou PJP [Hosein Ghorbanzadeh, secrétaire général]. Front de la résistance de l'Iran islamique [Yadollah Habibi, secrétaire général]. La Société du clergé militant de Téhéran (Jame'eh-ye Ruhaniyyat-e Mobarez-e Tehran) ou JRM). Union du Parti populaire islamique d'Iran (Hezb-e Ettehad-e Iran-e Eslami) [Azar Mansouri]. Voyageurs de la révolution islamique.

Participation à des organisations internationales

CICA, CP, D-8, ECO, FAO, G-15, G-24, G-77, AIEA, BIRD, OACI, ICC (comités nationaux), ICRM, IDA, BID, FIDA, IFC, IFRCS, OHI, OIT, FMI, OMI, IMSO, Interpol, CIO, OIM, UIP, ISO, ITSO, UIT, MIGA, NAM, OIC, OPCW, OPEP, PCA, SAARC (observateur), SCO (observateur), ONU, MINUAD, CNUCED, UNESCO, HCR, ONUDI, UNITAR, OMT, UPU, OMD, FSM (ONG), OMS, OMPI, OMM, OMC (observateur).

Description du drapeau

Trois bandes horizontales égales de vert (en haut), de blanc et de rouge. L'emblème national (représentation stylisée du mot Allah sous la forme d'une tulipe, symbole du martyre) en rouge est centré dans la bande blanche. *Allah Akbar* (Dieu est grand) en écriture arabe blanche est répété 11 fois le long du bord inférieur de la bande verte et 11 fois le long du bord supérieur de la bande rouge. Le vert est la couleur de l'islam et représente également la croissance, le blanc symbolise l'honnêteté et la paix, le rouge représente la bravoure et le martyre

Symboles nationaux

Lion. Couleurs nationales : vert, blanc, rouge.

Hymne national

Soroud-e Melli-ye Jomhouri-ye Eslami-ye Iran. Paroles/musique : plusieurs auteurs/Hassan Riahi.

Patrimoine national

Total des sites du patrimoine mondial : 26 (24 culturels, 2 naturels). Sites sélectionnés du patrimoine mondial : Persépolis, Tchogha Zanbil, Bam et son paysage culturel, palais du Golestan, système hydraulique historique de Shushtar, Pasargades, forêts hyrcaniennes, complexe du bazar historique de Tabriz, Meidan Emam, Ispahan, Bisotun.

ÉCONOMIE

Aperçu

Économie traditionnellement contrôlée par l'État mais réforme des entités financières appartenant à l'État. Des secteurs pétroliers/gaziers, agricoles et de services solides. Inflation massive récente due à la dépréciation du taux de change, aux sanctions internationales et à l'incertitude des investisseurs. Augmentation de la pauvreté.

PIB réel (parité de pouvoir d'achat)

1,319 billion de dollars (est. 2021).

Taux de croissance du PIB réel

4,72 % (est. 2021).

PIB réel par habitant

15 000 $ (est. 2021).

Taux d'inflation (prix à la consommation)

43,39 % (est. 2021).

PIB – composition, par secteur d'origine

Agriculture : 9,6 % (est. 2016). Industrie : 35,3 % (est. 2016). Services : 55 % (est. 2017).

PIB – composition, par utilisation finale

Consommation des ménages : 49,7 % (est. 2017). Consommation publique : 14 % (est. 2017). Investissement en capital fixe : 20,6 % (est. 2017). Investissement en stocks : 14,5 % (est. 2017). Exportations de biens et services : 26 % (est. 2017). Importations de biens et services : -24,9 % (est. 2017).

Production agricole

Blé, canne à sucre, lait, betterave à sucre, tomates, orge, pommes de terre, oranges, volaille, pommes.

Industries

Pétrole, produits pétrochimiques, gaz, engrais, soude caustique, textiles, ciment et autres matériaux de construction, transformation des aliments (en particulier raffinage du sucre et production d'huile végétale), fabrication de métaux ferreux et non ferreux, armement.

Taux de croissance de la production industrielle

3,21 % (est. 2021).

Force de travail

27,682 millions (est. 2021).

Population active – par profession

Agriculture : 16,3 %. Industrie : 35,1 %. Services : 48,6 % (est. 2013).

Taux de chômage

11,46 % (est. 2021).

Taux de chômage des jeunes (15-24 ans)

Total : 27,2 %. Hommes : 24 %. Femmes : 41,7 % (est. 2021).

Population sous le seuil de pauvreté

18,7 % (estimation 2007).

Coefficient de l'indice de Gini – répartition du revenu familial

40,9 (est. 2019).

Revenu ou consommation des ménages en pourcentage

10 % les plus bas : 2,6 %. 10 % les plus élevés : 29,6 % (2005).

Budget

Revenus : 74,4 milliards de dollars (est. 2017). Dépenses : 84,45 milliards de dollars (est. 2017).

Excédent (+) ou déficit (–) budgétaire

-2,3 % (du PIB) (est. 2017).

Dette publique

39,5 % du PIB (est. 2017).

Impôts et autres revenus

17,3 % (du PIB) (est. 2017).

Solde du compte courant

9,491 milliards de dollars (est. 2017).

Exportations

101,4 milliards de dollars (est. 2017).

Exportations – partenaires

Chine : 48 %. Inde : 12 %. Corée du Sud : 8 %. Turquie : 6 %. Émirats arabes unis : 5 % (2019).

Exportations – produits de base

Pétrole brut, polymères, alcools industriels, fer, pistaches (2019).

Importations

76,39 milliards de dollars (est. 2017).

Importations – partenaires

Chine : 28 %. Émirats arabes unis : 20 %. Inde : 11 %. Turquie : 7 %. Brésil : 6 %. Allemagne : 5 % (2019).

Importations – marchandises

Riz, maïs, équipement de diffusion, produits à base de soja, bœuf (2019).

Réserves de devises et d'or

120,6 milliards de dollars (est. au 31 décembre 2017).

Dette externe

7,995 milliards de dollars (est. au 31 décembre 2017).

Taux d'échange

Rials iraniens (IRR) pour un dollar américain : 42 000 (est. 2021).

ÉNERGIE

Accès à l'électricité

Électrification – population totale : 100 % (2020).

Électricité

Capacité de production installée : 80,553 millions de kW (est. 2020).

Sources de production d'électricité

Combustibles fossiles : 88,7 % de la capacité totale installée (est. 2020). Nucléaire : 1,9 % de la capacité totale installée (est. 2020). Solaire : 0,1 % de la capacité totale installée (est. 2020). Éolien : 0,2 % de la capacité totale installée (2020). Hydroélectricité : 9,1 % de la capacité installée totale (est. 2020). Marée et houle : 0 % de la capacité installée totale (est. 2020). Géothermie : 0 % de la capacité installée totale (est. 2020). Biomasse et déchets : 0 % de la capacité totale installée (est. 2020).

Charbon

Production : 2,783 millions de tonnes métriques (est. 2020). Consommation : 2,794 millions de tonnes métriques (est. 2020). Exportations : 76 000 tonnes métriques (est. 2020). Importations : 87 000 tonnes métriques (est. 2020). Réserves prouvées : 1,203 milliard de tonnes métriques (est. 2019).

Pétrole

Production totale de pétrole : 3 450 300 barils/jour (est. 2021). Consommation de pétrole raffiné : 1,934 million de barils/jour (est. 2019). Exportations de pétrole brut et de condensat de location : 2 230 900 barils/jour (est. 2018). Importations de pétrole brut et de condensat de location : 33 500 barils/jour (est. 2018). Réserves estimées de pétrole brut : 208,6 milliards de barils (est. 2021).

Produits pétroliers raffinés – production

1,764 million de barils/jour (est. 2015).

Produits pétroliers raffinés – exportations

397 200 barils/jour (est. 2015).

Produits pétroliers raffinés – importations

64 160 barils/jour (est. 2015).

Gaz naturel

Production : 237 561 415 000 m^3 (est. 2019). Consommation : 220 704 282 000 m^3 (est. 2019). Exportations : 17 607 046 000 m^3 (est. 2019). Importations : 1 153 457 000 m^3 (est. 2019). Réserves prouvées : 33 987 296 000 m^3 (est. 2019).

Émissions de dioxyde de carbone

646,038 millions de tonnes métriques de CO_2 (est. 2019). Provenant du charbon et du coke métallurgique : 5,142 millions de tonnes métriques de CO_2 (est. 2019). Provenant du pétrole et d'autres liquides : 204,21 millions de tonnes métriques de CO_2 (est. 2019). Provenant du gaz naturel consommé : 436,687 millions de tonnes métriques de CO_2 (est. 2019).

Consommation d'énergie par habitant

145,54 millions de Btu/personne (est. 2019).

COMMUNICATION

Systèmes de télécommunications

L'infrastructure de télécommunications de l'Iran a souffert de sanctions ces dernières années, qui ont empêché l'importation d'équipements et d'appareils et encouragé la contrebande généralisée, avec une perte conséquente de recettes fiscales. Pour résoudre ce problème, le gouvernement a introduit un système d'enregistrement des appareils et renforcé la capacité des téléphones mobiles fabriqués dans le pays ; les entreprises ont investi dans l'élargissement de la portée de leurs réseaux LTE, ce qui a augmenté la capacité du réseau et amélioré la qualité des services haut débit mobiles ; le pays se tourne également vers la 5G. Le secteur est encore limité par les bandes de basses fréquences. Le gouvernement s'attaque à ce problème avec des plans de réattribution de la bande 3,5 GHz pour une utilisation 5G. L'Iran souhaite développer son économie numérique. L'Iran offre d'importantes opportunités de croissance dans le secteur des télécoms. Le pays a l'une des plus grandes populations du Moyen-Orient, et il y a une forte proportion d'utilisateurs jeunes et férus de technologie ayant une demande considérable pour les services de télécommunications fixes et mobiles. Les entreprises proposent l'itinérance nationale pour améliorer les services dans les zones rurales (2022).

Domestique. Environ 35 pour 100 pour la téléphonie fixe et 152 pour 100 pour les abonnements au cellulaire mobile (2020)

International. Code pays : 98. Points d'atterrissage pour le Koweït-Iran, GBICS & MENA, FALCON, système de câble OMRAN/3PEG, POI et câble à fibre optique sous-marin EAU-Iran vers le Moyen-Orient, l'Afrique et l'Inde ; (TAE) ligne de fibre optique, va de l'Azerbaïdjan à travers la partie nord de l'Iran jusqu'au Turkménistan avec une extension à la Géorgie et à l'Azerbaïdjan ; relais radio HF et micro-ondes vers la Turquie, l'Azerbaïdjan, le Pakistan, l'Afghanistan, le Turkménistan, la Syrie, le Koweït, le Tadjikistan et l'Ouzbékistan ; stations satellites terriennes : 13 (9 Intelsat et 4 Inmarsat) (2019).

Médias de diffusion

Les médias audiovisuels sont gérés par l'État et il n'y a pas de diffuseurs privés indépendants. L'Islamic Republic of Iran Broadcasting (IRIB), le diffuseur de télévision géré par l'État, exploite 19 chaînes nationales, dont une chaîne d'information, environ 34 chaînes provinciales et plusieurs chaînes internationales. Une vingtaine de chaînes de télévision étrangères en langue persane diffusant par satellite peuvent être vues en Iran. Les antennes paraboliques sont illégales et, bien que leur utilisation soit subjectivement tolérée, les autorités les confisquent de temps à autre. L'IRIB exploite 16 réseaux radiophoniques nationaux, un certain nombre de stations provinciales et un service externe. La plupart des grands radiodiffuseurs internationaux émettent vers l'Iran (2019).

Les internautes

Total : 75 594 081 (est. 2020). Pourcentage de la population : 84 % (est. 2020).

TRANSPORTS

Système national de transport aérien

Nombre de transporteurs aériens immatriculés : 22 (2020).

Aéroports

319 (2021).

Héliports

26 (2021).

Pipelines

7 km condensat, 973 km condensat/gaz, 20 794 km gaz, 570 km gaz de pétrole liquéfié, 8 625 km pétrole, 7 937 km produits raffinés (2013).

Chemins de fer

8 483,5 km (2014).

Chaussées

223 485 km (2018).

Voies navigables

850 km (2012).

Marine marchande

Total : 893. Par type : 32 vraquiers, 31 porte-conteneurs, 371 cargos, 84 pétroliers. Autres : 375 (2021).

Ports et terminaux

Principaux ports maritimes : Bandar-e Asaluyeh, Bandar Abbas, Bandar-e Emam Khomeyni. Port à conteneurs (EVP) : Bandar Abbas.

MILITAIRE ET SÉCURITÉ

Forces militaires et de sécurité

Les forces militaires de l'Iran sont réparties entre les Forces régulières de la République islamique d'Iran (Artesh) et le Corps des gardiens de la révolution islamique (Sepah). Forces régulières de la République islamique d'Iran ou Armée de la République islamique d'Iran (Artesh) : forces terrestres, marine. Armée de l'air, forces de défense aérienne. Corps des gardiens de la révolution islamique (CGRI ou Sepah) : forces terrestres, marine, force aérospatiale (contrôle la force de missiles stratégiques), force Qods (alias force Quds ; opérations spéciales), cybercommandement électronique, forces paramilitaires Basij. Forces de l'ordre (2022).

Note 1. La marine d'Artesh exploite les plus grands navires de guerre iraniens et opère dans le golfe d'Oman, la mer Caspienne et les eaux profondes de la région et au-delà. La marine du CGRI est responsable de la proximité du golfe Persique et du détroit d'Ormuz.

Note 2. Le Basij est un groupe paramilitaire volontaire du CGRI avec des organisations locales à travers le pays, qui agit parfois comme une unité auxiliaire d'application de la loi. Il est officiellement connu sous le nom d'Organisation pour la mobilisation des opprimés. Il est également connu sous le nom d'Armée de mobilisation populaire.

Note 3. Les forces de l'ordre comprennent les troupes frontalières et de sécurité.

Dépenses militaires

2,3 % du PIB (est. 2021).

Points forts du personnel militaire et des services de sécurité

Les informations varient. Membres actifs des forces armées : environ 550 à 600 000. Membres des forces régulières de la République islamique d'Iran : environ 400 000 (350 000 forces terrestres ; 18 000 marines ; 40 000 forces aériennes/forces de défense aérienne). Corps des gardiens de la révolution islamique : environ 150 à 190 000 (100 à 150 000 forces terrestres ; 20 000 marines ; 15 000 forces aérospatiales ; 5 à 15 000 forces Qods). Forces paramilitaires Basij actives : environ 90 000 (2022).

Inventaires et acquisitions d'équipements militaires

L'inventaire de l'armée iranienne comprend un mélange d'équipements fabriqués dans le pays et principalement d'équipements étrangers plus anciens, en grande partie d'origine chinoise, russe, soviétique et américaine (équipements américains acquis avant la révolution islamique de 1979). L'Iran a également reçu du matériel militaire de la Corée du Nord, notamment des sous-marins miniatures et des missiles balistiques. L'Iran dispose d'une industrie de la défense capable de développer, de produire, de soutenir et de maintenir des programmes d'armes aériennes, terrestres, de missiles et navales (2022).

Âge et obligation du service militaire

18 ans pour les hommes pour le service militaire obligatoire. 16 ans pour les volontaires. 17 ans pour les forces de l'ordre. 15 ans pour les Forces Basij (Armée de mobilisation populaire). L'obligation de service militaire conscrit est de 18 à 24 mois, selon le lieu du service (les soldats servant dans des lieux à haut risque pour la sécurité et dans des zones défavorisées ont des périodes plus courtes). Les femmes sont exemptées du service militaire (2021).

Note. En 2019, environ 80 % du personnel des forces terrestres d'Artesh étaient des conscrits, tandis que le personnel de la marine et des forces de défense aérienne était principalement des volontaires ; les conscrits auraient représenté plus de 50 % du CGRI.

Déploiements militaires

On estime qu'il y a jusqu'à 3 000 militaires en Syrie (2022).

Note. L'Iran a recruté, formé et financé des milliers de combattants syriens et étrangers pour soutenir le régime Asad pendant la guerre civile syrienne.

Remarque

Le Corps des gardiens de la révolution islamique (CGRI) a été formé en mai 1979 au lendemain de la chute de Shah Mohammad Reza Pahlavi, alors que les gauchistes, les nationalistes et les islamistes se disputaient le pouvoir. Tandis que le Premier ministre par intérim contrôlait le gouvernement et les institutions de l'État, telles que l'armée, les partisans de l'ayatollah Ruhollah Khomeini organisaient des contrepoids, dont le CGRI, pour protéger la révolution islamique. La structure de commandement du CGRI a contourné le président élu et est allée directement à Khomeini. La guerre Iran-Irak (1980-1988) a transformé le CGRI en une force de combat plus conventionnelle avec ses propres forces terrestres, aériennes, navales et spéciales, ainsi qu'un contrôle sur les forces de missiles et de roquettes stratégiques de l'Iran. À partir de 2022, le CGRI était une force militaire hautement institutionnalisée et parallèle aux forces armées régulières iraniennes (Artesh). Il était fortement impliqué dans la sécurité intérieure et avait une influence significative dans les sphères politiques et économiques de la société iranienne, ainsi que dans la politique étrangère de l'Iran. Sur le plan économique, elle possédait des usines, des sociétés et des filiales dans les secteurs de la banque, des infrastructures, du logement, des compagnies aériennes, du tourisme et autres. Ces forces d'opérations spéciales, connues sous le nom de Force Qods/Quds, spécialisées dans les missions étrangères, ont fourni des conseils, des financements, des conseils, un soutien matériel, une formation et des armes à des militants dans des pays tels que l'Afghanistan, l'Irak, la Syrie et le Yémen, ainsi qu'à des groupes extrémistes, notamment le Hamas, le Hezbollah, le Kata'ib Hezbollah et le Jihad islamique palestinien (elle possédait des usines, des sociétés et des filiales dans les secteurs de la banque, des infrastructures, du logement, des compagnies aériennes, du tourisme et autres).

Le Conseil suprême de la sécurité nationale (SCNS) est l'organe le plus élevé chargé de formuler la politique étrangère et de sécurité de l'Iran; il est formellement présidé par le président, qui nomme également le secrétaire du SCNS; ses membres comprennent le président du Majles, le chef du pouvoir judiciaire, le chef d'état-major général des forces armées (chef de la défense ou CHOD), les commandants de l'Artesh (forces régulières) et du CGRI, et les ministres de la Défense, des Affaires étrangères, de l'Intérieur et du Renseignement; le SCNS rend compte au chef suprême; le chef suprême est le commandant en chef des forces armées (2022).

Menaces maritimes

L'administration maritime du département américain des transports a publié un avis maritime (2022-003 Persian Gulf, Strait of Hormuz, Gulf of Oman, Arabian Sea, Red Sea-Threats to US and International Shipping from Iran) en vigueur le 28 février 2022, qui déclare en partie que « l'intensification des activités militaires et l'augmentation des tensions politiques dans cette région continuent de présenter un risque pour la navigation commerciale... il existe une possibilité continue que l'Iran et/ou ses mandataires régionaux prennent des mesures contre les intérêts américains et partenaires dans la région ». La Coalition Task Force (CTF) Sentinel a été créée pour fournir des escortes aux navires commerciaux transitant par le golfe Persique, le détroit d'Ormuz et le golfe d'Oman.

TERRORISME

Groupe(s) terroriste(s)

Corps des gardiens de la révolution islamique (CGRI)/Force Qods. État islamique d'Irak et d'Ash-Sham (ISIS). Jaysh al Adl (Jundallah). Parti des travailleurs du Kurdistan (PKK). Al-Qa'ida.

QUESTIONS INTERNATIONALES

Litiges internationaux

Iran-Afghanistan : L'Iran proteste contre la limitation du débit en Afghanistan des affluents du fleuve Helmand endigués pendant la sécheresse. Les commissaires afghan et iranien ont discuté de la densification et du réarpentage des monuments frontaliers

Iran-Azerbaïdjan-Kazakhstan-Russie : L'Azerbaïdjan, le Kazakhstan et la Russie ont ratifié un traité de délimitation des fonds marins de la Caspienne en 2018 sur la base de l'équidistance, tandis que l'Iran continue d'insister sur une tranche d'un cinquième de la mer.

Iran-Irak : L'absence de frontière maritime entre l'Irak et l'Iran suscite des conflits de compétence au-delà de l'embouchure du Chatt al Arab dans le golfe Persique.

Iran-EAU : L'Iran et les EAU se disputent les îles Tunb et Abu Musa, qui sont occupées par l'Iran. Le différend a été ressassé lors de la réunion de l'Assemblée générale des Nations unies de septembre 2021. Le Corps des gardiens de la révolution islamique d'Iran a ouvert un aéroport sur le Grand Tumb en février 2022.

Réfugiés et déplacés internes

Réfugiés (pays d'origine) : 2,6 millions d'Afghans sans papiers, 780 000 titulaires d'une carte de réfugié afghan, 20 000 titulaires d'une carte de réfugié irakien (2020). Apatrides : 34 (mi-année 2021).

Traite des personnes

Note de niveau : Niveau 3 – L'Iran ne respecte pas pleinement les normes minimales d'élimination de la traite et ne fait pas d'efforts significatifs pour y parvenir, par conséquent l'Iran est resté au niveau 3. Le gouvernement a poursuivi une politique de recrutement et d'utilisation d'enfants soldats, des responsables gouvernementaux ont perpétré le trafic sexuel d'adultes et d'enfants et ont poursuivi le trafic en Iran et à l'étranger. Le gouvernement a continué de forcer ou de contraindre des enfants et des adultes à se battre pour les milices dirigées par l'Iran opérant en Syrie et a fourni un soutien financier aux milices combattant dans les conflits armés de la région en utilisant des enfants soldats. Les autorités n'ont pas réussi à identifier et à protéger les victimes de la traite parmi les populations vulnérables. Les forces de l'ordre traitaient les victimes de la traite comme des criminels, passibles de peines sévères ou de mort pour des actes illégaux que les trafiquants les obligeaient à commettre (2020).

Profil du trafic. L'Iran est un pays d'origine, de transit et de destination présumé pour les hommes, les femmes et les enfants victimes de trafic sexuel et de travail forcé. Des garçons et des filles iraniens et afghans sont contraints de se prostituer au niveau national. Les femmes iraniennes sont victimes de trafic sexuel en Iran, au Pakistan, dans le golfe Persique et en Europe. Les femmes et les enfants azerbaïdjanais sont également exploités sexuellement en Iran. Les migrants et réfugiés afghans et les hommes et femmes pakistanais sont soumis à des conditions de travail forcé en Iran. Des rapports d'ONG indiquent que les organisations criminelles jouent un rôle important dans la traite des êtres humains en Iran.

Médicaments illicites

Important pays de transit et de destination pour les opiacés et les produits à base de cannabis provenant principalement d'Afghanistan. L'Iran produit et consomme de la méthamphétamine et en fait le trafic vers les marchés internationaux. L’une des principales voies de transbordement de l’héroïne d’Asie du Sud-Ouest vers l’Europe.

Composition et mise en pages :
Le Vent Se Lève

Reproduit et achevé d'imprimer
par Normandie Roto Impression s. a. s.
en avril 2023.
Numéro d'imprimeur : 2301541.

Imprimé en France.

PEFC
10-31-2541
Certifié PEFC
Ce produit est issu de forêts gérées durablement et de sources contrôlées
www.pefc-france.org

IMPRIM'VERT